Ⓢ新潮新書

佐々木和義
SASAKI Kazuyoshi

日本依存から脱却できない韓国

938

新潮社

はじめに

２０１９年７月から韓国で日本製品不買運動が広がった。事あるごとに反日を掲げてきた大本には「教育」があるようだ。

日本の歴史教育は、関係が良好だった時代と軋轢が生じた時代を両方とも学ぶ。しかし、韓国の場合は反日一色だ。韓国における日韓史は、13世紀以降、日本を拠点にアジアで活動した倭寇に始まり、豊臣秀吉が朝鮮半島に派兵した「壬辰倭乱」（文禄・慶長の役）、そして日韓併合に至るという。

漢字や仏教、木工＆金属加工など、さまざまな文化や技術が中国や朝鮮半島との交流で日本にもたらされたというのが定説だ。日本は、なかでも百済との結びつきが強かった。

古代日本と百済の交流を示す「白村江の戦い」を知らない韓国人は多い。念のため概説しておくと、６６０年、新羅と唐の連合軍が百済に侵攻。百済は当時、倭と呼ばれていた日本に救援を要請した。中大兄皇子は倭国に滞在していた百済王子の扶余《ふよ》豊璋《ほうしょう》を百済王として擁立し、4万を超える軍を派遣したが、「白村江の戦い」で大敗。逃げ帰る倭軍とともに多くの百済人が倭国に亡命した。日本の学校で歴史を学んだ者なら誰もが知っている事件である一方、韓国でこれを聞いたことがあるのは歴史マニアくらいのものである。

さらに、高麗が元の先鋒となって日本を襲撃した元寇も知らないし、文禄・慶長の役の後の朝鮮通信使も日本人の方がはるかに詳しい。筆者と同世代の韓国人は学校で文禄・慶長の役に加えて、倭寇が朝鮮を蹂躪したと学んだ後、日本による朝鮮統治を不法な植民地支配だと教えられたという。日本に対する「恨《ハン》」が叩き込まれている。

そして、日本に対抗した韓国人は英雄として扱われている。

筆者が今ソウルで住んでいる家の近くにはさまざまな銅像がある。初代大統領の李承《イスン》晩《マン》、サムスンを創業した李秉喆《イビョンチョル》、日韓併合の無効化を訴えるために大韓帝国の高宗からオランダ・ハーグに派遣されたものの何もできずに現地で病死した李儁《イジュン》、三・一運動と呼ばれる1919年3月1日の抗日パルチザンに呼応した女学生・柳寛順《ユグァンスン》などの像が立っている。

それらの像の写真を韓国人に見せたところ、李承晩と李秉喆がわかる人がいなかったのとは対照的に、李儁と柳寛順は半分以上が言い当てた。政治家と財界人は名前しか知らない一方で、韓国で烈士と呼ばれる抗日運動家は知っている。

また、文禄・慶長の役で日本軍を翻弄した武将のうち、水軍の李舜臣《イスンシン》は英雄だが、金《キム》忠善《チュンソン》は英雄扱いされていない。金忠善は日本人だったからだ。

伝えられる金忠善の日本名は沙也可《さやか》で、加藤清正軍の将兵として、朝鮮に渡った後、配下の大勢の兵らとともに寝返って朝鮮軍を指揮したという。沙也可とともに寝返った兵は300人とも3000人ともいわれている。

戦いの後期に投降した日本人は少なからずいたようだが、沙也可が寝返った時期はまだ日本軍が優勢だった。加藤清正の軍はおよそ1万で、そのうち数百から数千の兵が寝返ったとなると大事件だ。しかし、日本側には記録がない。

神坂次郎は、沙也可は雑賀《さいか》だろうと推理した。雑賀衆は、伊賀、甲賀と並ぶ忍者軍団で、戦国時代には傭兵として活躍した。時を経て加藤清正軍とともに朝鮮に渡り、足並みが揃わない朝鮮軍を見て朝鮮に「転職した」という解釈だ。名もない傭兵なら記録に残っていなくても不思議ではない。金忠善は朝鮮軍を指揮した後、現在の大邱《テグ》市の郊外にある邸で晩年を過ごした。

韓国の根強い抗日思想は、2021年の東京五輪の際にも現れた。韓国女子バレーボールチームはメダルに届かなかったものの、6億ウォン（約5600万円）の報奨金を手に入れた。日本に勝利した点が評価されたものと見られる。

東京五輪で金メダルを獲得した個人戦の選手には6300万ウォン（約600万円）、銀メダルは3500万ウォン（約330万円）、そして銅メダルは2500万ウォン（約240万円）の報奨金が贈られ、団体戦の選手らには個人戦の75％と定められているだけで、4位に終わったバレーボールチームに報奨金は支払われないはずだったのだが……。

一人一人のバレーボール選手が受け取った金額は明らかにされていない。ただ、銀メダリストをはるかに上回る額の報奨金を受け取ったことは想像に難くない。

筆者が義務教育を受けた1970年代は日教組（日本教職員組合）の力が強く、日本が戦時中、朝鮮半島を蹂躙したという教育を受けてきた。日本の統治政府は朝鮮人に日本名を強要し、また韓国語を教えることはなく、日本語学習を強要したというものだった。日教組が作った歴史を信じて、同調する同級生もいた。

韓国の場合は、金大中《キムデジュン》の日本文化開放後に学んだ世代は、インターネットの普及で、多様な事象や考え方に触れているし、日本文化に接することが多いことも相まって、反日教育が浸透しているとは言い切れない。他方、金大中以前に学んだ世代は反日思想が染み付いている……そう思ってきたところ、必ずしもそうではなかった。

09年から縁あって韓国で暮らすようになり、戦時中にソウルで小学校に通ったという人たちと会う機会が何度かあった。彼らは異口同音に日本語学習は楽しかったと話したし、ある女性は、女学校時代の日本語学習と放課後の買い食いが人生で最も楽しい、良い思い出だと話した。誇張ではないし、筆者が日本人だから気を遣ったというわけでもなかったと思われる。

韓国は日本による統治が終わった後、国作りが完成しないうちに朝鮮戦争が勃発して国中が荒廃した。朝鮮戦争後の韓国は世界最貧国で、軍事政権下で経済だけでなく、生活でもさまざまな制約を受けた。韓国人がある程度の豊かな生活を送ることができるようになったのは90年代以降で、統治時代の小学生が60歳代になってからである。

統治時代、京城府と呼ばれていたソウルの小学生らは毎日、学校に通って勉強し、放課後は友達と遊んだ。一見、当たり前の生活に見えるが、筆者が聞かされてきた出身地・東北の小学生像とはずいぶん異なっている。第2次大戦時に東北の学校で勉強した思い出を持つ親や親戚など、筆者の周囲には1人もいない。

低学年の小学生は、学校の校庭で芋を掘って野菜を育て、中学年になると近隣の農家に行って農作業を手伝い、高学年は郊外の農場で野菜を育てる。何時間もかけて歩いて行って芋を掘ったり、野菜を植えたりといった毎日で、勉強する時間も体力もなかったという。NHKのドラマ『おしん』を観て、自分より恵まれているという人もいた。

ソウルの小学生は学校で授業を受け、放課後は友達と遊んだ。日本の東北地方の小学生は日中に畑作業、夜は子守りの毎日だった。どちらが幸せかは言うまでもない。

戦時中は酷かったという地方出身者にも会ったことがある。が、よくよく聞いてみたら朝鮮戦争の話だった。日本の統治時代を体験し、大変な思いをしたという韓国人に会ったことはなく、日教組の教育には疑問しかない。

韓国で暮らすようになってから日本に一時帰国するたび、韓国に対して実態とは懸け離れたイメージを持っている人が多いことを改めて実感している。

例えば、韓国中が反日で、日本人は肩身の狭い思いをしているというイメージを持つ人が少なくない。たしかに日本の韓国に関する報道に接すると、反日一色に見えることだろう。しかし、反日的な言動はそれほど多くはない。というより、普通の日本人がそういったものに接することはほとんどないし、まして旅行者がそれに遭遇することは皆無といっても良い。

反日思想を持つ人も確かにいる。とはいえ、普通の日本人なら会うことも難しいだろう。慰安婦や竹島の問題などを口に出して議論を吹っかけ、中には「対馬はくれてやるが、竹島は渡さない」などというタイプがいないわけではないものの、日本人を言い負かしたいだけで、実際に反日というわけではない。議論に付き合う義理はないので「生まれる前のことを言われても知らない。私は民間人だから政府に言いなさい」と返すと話はたいてい終わる。

もちろん、反日報道が誤っているわけではない。報道は往々にしてセンセーショナルな方へ流れがちだ。大規模な事件・事故が起こらなくても「今日は何事もなく、平穏無事でした」という報道は成立せず、小さな事件でも関心を煽り立てる報道がなされるだろう。

もし、連日のように反日言動が起きているならニュースにはならない。滅多にない反日だからニュースになるというわけだ。

韓国には対等という概念はない。どちらが上でどちらが下かを常に意識する。

歴史が始まってから大韓帝国が誕生するまで、中国を宗主国として崇めてきた韓国は、中国の下では日本とは同位の国だと考えてきたフシがある。それが、20世紀には日本の統治下になった。

日本は韓国を下に見て、経済や技術的な恩恵を与えたわけではない。ロシアをはじめとする列強に対する防衛線として、朝鮮半島を統治した。朝鮮半島が列強の傘下に入ると、日本の脅威になるからだ。

1965年の日韓基本条約締結も賠償金を含む経済協力金の支払いも韓国を下に見たわけではなく、日本の国益に合致するという判断からに他ならない。70年代以降、多くの日本企業が韓国に投資し、また、下請け発注を行ったが、利益を追求する企業活動に過ぎない。

しかし、上と下を過度に意識する韓国はそれらを日本より下になった結果だと考える。そして、日本にマウントを取れるあらゆる機会を求めている。慰安婦や竹島を持ち出して議論を吹っかけ、日本人が謝罪するか、謝罪しなくとも反論できなくなって白旗を上げる姿を上から目線で見たいと考えている。先に触れたように純粋な反日の発露ではないのだ。

19年に始まった「ノー・ジャパン」も同様だ。日本製品を買わない、使わない、日本に行かないという「三無」を掲げ、日本が白旗を上げる姿を期待した。しかし、そうなるどころか、実際に被害を受けたのは韓国人の方だった。スローガンを「ノー・ジャパン」から「ノー・アベ」に変え、自分たちに都合の良いように不買か否かを選択する運動も展開したが、日本製品不買は終了を宣言することもなく、自然消滅したのである。

本書では、一連の日本製品不買運動と日本に依存してきた韓国の実状を明らかにし、韓国で暮らすことになった日本人ビジネスマンである筆者の経験をもとに、韓国や韓国人と付き合う際のポイントを紹介したい。

本文中敬称略とし、原則として肩書、換算レート等は当時のものである。

日本依存から脱却できない韓国　目次

第3章　日本に依存するインフラ　

第6章　不買運動は日本なしには成立しない 174

第1章　日本製品不買運動の萌芽

違法輸出を放置した韓国政府の不作為の罪

２０１９年７月から、韓国で日本製品不買運動（ボイコット・ジャパン／ノー・ジャパン）の嵐が吹き荒れ、文在寅《ムンジェイン》大統領率いる韓国政府は、日本企業製の原材料が含まれるものは一切買うことのないように流れを作っていった。「日韓貿易戦争」の始まりである。この章ではその実態を明らかにするが、まずはそこに至るまでの経緯を駆け足で綴っておきたい。

14年から15年にかけて、イラクとシリアにまたがる地域で活動するイスラム過激派組織「ＩＳＩＬ」の即席爆発装置に、日本企業製のＥＣ２信号用リレーやマイクロコントローラーが使われていたことが明らかになった。少しさかのぼるが、12年には東レが正規の手続きを踏んで中国に輸出した炭素繊維のうち、７・２トンがイラン向けに転売され、イラン到着前に第三国で差し押さえられていた。炭素繊維は民生用だが、ウラン濃縮用の高性能遠心分離機に不可欠とされており、日本をはじめ先進諸国はイランなどへの輸出を禁じている。ほかにも高精度の工作機械や三次元測定機、磁気測定装置、無人ヘリコプターなど、安全保障上の理由で輸出を禁止している国に向けた違法輸出が発覚し、いずれも日本製だった。

　韓国・朝鮮日報は19年5月、韓国政府当局による違法輸出の摘発が増えていることを報じた。記事によると、15年から19年3月の間に、摘発された違法輸出は１５６件に達し、さらに15年に14件だった摘発件数が、18年は3倍近い41件に増加、19年は3月時点ですでに31件に達しているという内容だ。

　原子炉材料が中国向けに輸出されていたり、ＢＣ（生物化学）兵器を製造するための材料が北朝鮮と関係が深いシリアに輸出され、朝鮮労働党の金正恩《キムジョンウン》総書記の異母兄・金正男《キムジョンナム》の暗殺に使われたものと同じＶＸガスの原料がマレーシアに輸出されたりするなど、日本企業が韓国に正規輸出した物資が、第三国を経由して北朝鮮に渡る可能性が排除できないことが明らかとなった。

　文大統領はかねて北朝鮮融和政策を取っており、南北交流がさらに活発になれば日本製品が韓国から第三国を経由せず、そのまま北朝鮮に流出しかねない。

もちろん、日本政府は手をこまねいていたわけではなかった。事態の改善を目指して、第三国を交えた仲裁委員会を開くよう再三にわたって求めてきたが、韓国は応じることがなかった。

そのため、「日韓の信頼関係が著しく損なわれたと言わざるを得ない。信頼関係のもと、輸出管理に取り組むことが困難になっている」とし、経済産業省は19年7月1日、新たな一手に打って出る。

韓国に輸出している半導体の基板に塗る感光材「レジスト」、同じく半導体の基板の洗浄に使われる「フッ化水素」、そしてテレビやスマホ向けの有機ELディスプレイなどに使われる「フッ化ポリイミド」について、包括的輸出許可から個別輸出許可へ切り替えると発表したのだった。

これがよく言われるところのホワイト国除外である。

これら3品目はいずれも世界で日本企業のシェアが群を抜いており、中には9割にのぼるものもある。サムスン電子やLGディスプレイなど韓国を代表する財閥系メーカーも使用している。

日本は韓国に対するこの輸出管理の強化について、ワッセナー・アレンジメントなど国際輸出管理体制に基づくキャッチオール規制だと主張していた。これについては少し説明が必要だろう。

ホワイト国除外で「二度と日本に負けない」と宣言した文大統領

旧共産圏諸国への戦略物資の輸出や技術移転を統制していた対共産圏輸出統制委員会（ココム）は、冷戦終結後の94年、その意義を失って解散したが、ココム加盟各国はテロリストに対する新たな枠組の必要性を認識していた。

そこでオランダ・ワッセナーで協議を行い、96年、ココムに加盟していた17か国にさらに16か国が加わり、「ワッセナー・アレンジメント」が成立した。ワッセナー・アレンジメントとは通常兵器及び関連汎用品・技術の輸出管理に関するもので、武器や技術などがテロリストも含め、治安や安全を脅かす可能性のある集団の手に渡らないための取り決めだ。

日本は02年、こういった取り決めに基づいてキャッチオール規制を導入した。キャッチオール規制とは、大量破壊兵器を含めた通常兵器の開発に使われる可能性のある貨物の輸出や技術の提供行為などを行う際、経産相の許可を必須とする制度だ。その管理制度の中で、日本政府が優遇措置を取る対象をホワイト国と呼んでいた。ホワイト国は正式な名称ではなく、便宜的な通称だ。当初、韓国はキャッチオールの対象国だったが、04年にそこから外れ、ホワイト国に追加された。

経産省は19年8月、韓国をホワイト国から除外すると同時に、輸出管理上の国別カテゴリーの名称を見直した。具体的には、従来のホワイト国をグループAとし、非ホワイト国をグループBとグループCに分け、輸出を認めないブラック国をグループDに分類した。

日本企業が規制対象品目を輸出する際、グループA向けの輸出許可は、3年にわたって有効な包括許可が原則で、韓国やバルト三国などが入るグループBは、品目によって3年間有効な包括許可と、輸出の度に許可が必要な個別許可とに分けられる。グループCは輸出ごとの個別許可が原則で、グループDへの輸出は認められない。当然ながら、グループA～C向けの輸出は、D国に再輸出される懸念がないかが厳密に審査される。

日本が韓国をホワイト国から除外することを決めたのは、先に触れたように韓国に輸出した部材がグループD、特に北朝鮮に再輸出される懸念が少なくなかったからだ。韓国はキャッチオール規制を導入しておらず、情報を共有するための協議が3年間、行われてこなかった。

韓国はもちろん日本の対応に反発した。経産省の輸出規制は、韓国大法院（最高裁）が日本企業に旧朝鮮半島出身労働者への賠償を命じた、いわゆる徴用工訴訟判決に対する報復措置だと主張し、世界貿易機関（WTO）への提訴も辞さない構えを見せた。文在寅大統領自身、「断固として相応な措置をする。今後起きる事態の責任は全面的に日本政府にあるという点を明確に警告する」「二度と日本には負けない。勝利の歴史を作る」と宣言し、韓国内で日本製品不買運動が広がっていくことになる。

韓国企業は日本の素材確保に東奔西走した

日本政府が輸出管理強化を発表すると、対象品目を輸入している韓国企業はすぐさま在庫確保に乗り出した。サムスングループトップの李在鎔《イジェヨン》サムスン電子副会長とロッテグループの辛東彬《シンドンビン》（日本名・重光昭夫）会長は、19年7月7日、日本入りしている。

実は同日、洪楠基《ホンナムギ》経済副首相と金尚祖《キムサンジョ》大統領府政策室長が午餐を挟んで財界トップと輸出管理強化対策を議論したが、もちろん参加者名簿にサムスンとロッテのトップの名前はなかった。同10日にも文大統領と主要財閥トップの懇談会が行われる中、両代表は帰国することなく会を欠席している。大統領との懇談より、日本での〝仕事〟を優先させたわけだ。

サムスン電子は李副会長の訪日目的を明らかにしなかったものの、化学メーカーのステラケミファなど、日本企業の国外生産拠点が有する在庫確保が目的とみられた。サムスン電子がステラケミファから供給を受けているフッ化水素は、その毒性から長期保管が難しく、ジャスト・イン・タイム（適時供給）が必須だ。しかし、ステラケミファは第三国からの輸出も日本政府の承認が必要だという立場を示したようだ。

サムスン電子は日本企業から部品や素材を直接輸入しているほか、日本企業の韓国子会社や日本企業から輸入した部品を加工する韓国企業から調達しており、李在鎔副会長は日本出張から帰国すると、日本産素材の在庫を90日以上確保するように要請する文書を協力会社に送付した。追加費用はすべてサムスン電子が負担する内容だ。石油化学部門について輸入量の40％を日本に依存するロッテグループ・辛会長の訪日理由も明らかだった。

現代自動車グループの鄭義宣《チョンウィソン》首席副会長も同月に日本を訪問している。同副会長は韓国本社で海外法人長会議を開き、不振から抜け出せずにいた中国市場と生産施設を点検するため北京入りした後、韓国にとんぼ返りし、そこから東京に向かった。

鄭会長が東京入りした表向きの理由は大韓アーチェリー協会会長として東京で開催されたプレオリンピックを見届けることだった。選手団や協会関係者を激励した後、部品や材料のサプライチェーンを点検し、また現地の様子について報告を受けた。自動車は国産化率が高く、また供給網がグローバル化しているため、素材の需給に支障はないものの、現代自動車グループが注力していた燃料電池車は、高圧水素タンク素材など日本への依存度が高かった。韓国財閥トップらの動きが素早かったのは、ホワイト国から外れることの意味を十分に知っていたからだ。

日本政府が韓国向け輸出管理を強化した時、サムスンディスプレイとLGディスプレイへの打撃が大きいという観測が広がった。特にLGディスプレイは1兆ウォン（約9000億円）相当が影響を受けると試算していた。焦燥に駆られた韓国政府は、ディスプレイ素材の国産化を支援する予算を計上し、サムスンディスプレイとLGディスプレイは素材の国産化を加速させた。

19年10月10日、サムスンが忠清南道のディスプレイ工場で中小企業と協力する覚書を締結する場に文大統領は駆けつけ、「特定国への依存度が高いディスプレイの核心素材・部品・装備の自立化に向けた重要な契機だ」と語っている。その直後には、韓国メディアはＬＧディスプレイがフッ化水素の１００％国産化を完了したと一斉に報じ、日本の輸出管理強化から１００日余りで「日本依存から脱却した」ことをアピールした。

しかし、国産化を完了したのは、輸出管理対象外の低純度フッ化水素を加工したエッチングガスだった。ＬＧ社はそれまで日本から最終製品を輸入していたが、物流効率化のため、日本から素材を輸入して韓国内で加工する方式に切り替える準備を輸出管理強化前から進めていたに過ぎなかった。

韓国で不買運動が巻き起こった19年、韓国の対日貿易赤字は前年度の２４０億８０００万ドル（約2兆7０００億円）を大幅に下回る１９１億６３００万ドル（約2兆1０００億円）となった。これは04年以降、最も少ない赤字額だったが、日本は依然として韓国にとって最大の貿易赤字国であり、翌20年の対日貿易赤字はふたたび２００億ドル台に戻った。大統領府の号令は勇ましいものだった。しかし、日本なしには韓国経済が立ち行かないことを数字は物語っているようだ。

日本製品不買運動は繰り返されてきた

日本製品不買運動をめぐっては、短期間で収束するという憶測が当初、飛び交っていた。韓国内の不買運動は19年が初めてではない。

戦後50年の節目である95年と「新しい歴史教科書をつくる会」の歴史教科書が検定に合格した01年、そして島根県が「竹島の日」を制定した05年に一部の市民団体が不買運動を提唱したことがある。

95年の不買運動では「日本製たばこ」が標的になった。韓国は88年に外国製たばこの輸入を解禁。90年代半ばになって外国製たばこの市場シェアが伸びると、葉たばこ農家が外国製たばこの不買を訴えた。95年は韓国にとっては日本統治から解放されて50年の節目の年で、金泳三《キムヨンサム》大統領が旧朝鮮総督府庁舎の解体に着手した。これらの背景が重なって、マイルドセブンが不買運動の標的になったのだ。

この時は市民団体に加え新聞やテレビも不買運動に参加して、一大キャンペーンが繰り広げられた。市中のたばこ店は「日本製たばこを販売しない」と書いた紙を貼り出した。マイルドセブンはたばこ店の棚から消えたが、一方で、多くの店は奥にカートンを隠していた。日本たばこの愛煙家は人目を避けるべく買う回数を減らしたのだろう、カートン単位で売るケースが見られたようだ。

前年のシェアが3・5%のシェアだったマイルドセブンは、まとめ買いの影響なのか、5・7%まで増加し、韓国ブランドを含む全銘柄のなかで6位に浮上した。

01年には、扶桑社の『新しい歴史教科書』が文部科学省の検定で合格すると、ソウルの市庁前広場などに日本製品不買を呼びかける横断幕が設置されたものの、不買運動に発展することはなかった。扶桑社の歴史教科書はいうまでもなく、日本の中学校で使用される本である。しかもこの時、扶桑社の歴史教科書はもとより、市民団体が標的にした日本製品は、どれも韓国では公式販売されていないものだった。

05年3月、島根県が毎年2月22日を「竹島の日」に制定すると、市民団体が日本製品の不買運動を呼びかける集会を行なった。「扶桑社、三菱、富士通、川崎、いすゞ」の5社が標的になり、扶桑社の歴史教科書や三菱自動車などの写真に「不買」と書いたステッカーを貼ったパネルが掲げられた。

ちなみに、三菱自動車が韓国内で公式販売を開始したのは08年10月で、13年7月に販売不振を理由に終了する。05年の時点では韓国内において販売されていなかった。

毎年の反日行動についてはそう多いわけではなく、三一節と呼ばれる3月1日と

8月15日くらいのものだ。日本が韓国を統治していた1919年3月1日、キリスト教系の指導者らの独立宣言文がタプコル公園（パゴダ公園）で朗読されて、抗日運動が広がった。

現在、抗日運動指導者らは「烈士」と呼ばれ、英雄として扱われている。三一節には各テレビ局が抗日運動特集を編成し、タプコル公園や旧日本大使館前をはじめ、韓国各地で集会が開催される。もっとも、反日行動はたった1日で終了する。8月15日は、韓国で光復節と呼ばれる独立記念日で、メディアは前後にも反日特番を編成し、また集会も時には2〜3日に及ぶが、この3月1日と8月15日を除いて反日行動を目にすることはほとんどない。

例年の3月1日と光景が違ったのは13年の事例で、韓国の反日市民団体は件のタプコル公園前で日本製品不買運動を宣言し、トヨタやマイルドセブンなど日本ブランドが描かれた大きなボードに参加者が次々と生卵を投げつけた。前年8月10日に李《イ》明博《ミョンバク》大統領が竹島に上陸し、その後に第2次安倍政権が発足。宣言の少し前の2月22日には、竹島の日の式典に内閣府の政務官が出席している。そうした動きを受けたものだった。

「ノー・ジャパン・リスト」は優良企業ガイドだった

19年の際も、例えば7月〜8月に予定していた訪日観光をキャンセルする旅行者はほぼおらず、過去の事例同様、すぐに収束する気配も見られた。ところが、反日運動家は「ノー・ジャパン・リスト」（不買リスト）を公開。日本由来の商品・製品・ブランドが具体的にリストアップされたもので、それが運動に火をつけることになった。

少し話はそれるが、実をいうと筆者は「ノー・ジャパン・リスト」がとてもありがたかった。韓国で売られている商品は「一物三価」がとても多い。それは、交渉による値引き価格と韓国人客に提示する相場価格、そしてボッタクリ価格の3つである。

韓国生活が長い在韓日本人は相場価格を知っており、ボッタクリ価格は通用しない。しかし、品質の判断はとても難しい。韓国はコピー大国で、良いものも悪いものも外見上の差はほとんどないからだ。その点、「ノー・ジャパン・リスト」には日本製品や日本企業の現地生産商品が網羅されていたため、リストは日本人が安心して買うことができる優良企業のカタログとして役立ったのだ。

話を戻そう。愛国心に燃える韓国人活動家らが日本製品の購入者を監視するようになり、不買運動は拡大していく。大きなターゲットの1つとなった日本のビールの7月頭から半ばまでの売り上げは、スーパーマーケット大手のEマートで前月と比べて30％減、コンビニ大手のCU、GS25、セブン－イレブンも18％から最大40％減少した。また、カード会社の集計でユニクロは26％、無印良品も19％、それぞれ売り上げが落ち込んだという。

不買対象は細かなものにまで及び、例えば韓国食品大手のオットギは、同社が製造するレトルト米飯の包装容器が日本製だということで批判を受けた。CJ第一製糖もレトルト米飯で70％以上のシェアを持つ同社商品「ヘッバン」に少量の日本産糠抽出物が含まれていることがインターネットで広がった。日本産原料が0・1％でも含まれる製品は不買対象にするという鼻息の荒い運動が広がり、韓国企業に緊張が広がった。韓国企業は全社レベルで原材料の産地を確認することが必須となった。

「ノー・ジャパン」や「ボイコット・ジャパン」は自治体にも広がった。京畿道水原《スウォン》市は北海道旭川市と行う予定だった姉妹都市提携30周年記念行事を中止し、光明《クァンミョン》市も神奈川県大和市と共同開催を予定していた青少年国際交流行事を取り止めた。釜山市は日本との交流事業34件を再検討すると発表し、ソウル市も日本との交流行事を再検討すると明らかにするなど、日本関連事業を見直す事例が相次いだ。

反日不買は風評被害も引き起こしている。韓国内で事業を行っていない企業が取り上げられたり、一度は標的となった後に除外された企業やブランドもある。12年に撤退したスバルや13年に代理店が販売を取り止めた三菱自動車、17年に撤退したミスタードーナツも不買リストに掲載された。

アサンダイソーは店内放送で「韓国企業」だとアピールしたこともあって、不買対象から除外された。アサンダイソーは、日本のダイソーに韓国製品を提供してきたアサン産業が、大創産業からノウハウの提供を受けて設立された。日本のダイソーを展開する大創産業も一部、出資しているが、経営には関与していない（第4章参照）。

その他カルビーやワコール、感動卵、東亜大塚も素材から製造まで、すべて韓国製という理由でリストから除外され、ロッテはグローバル企業、セブン‐イレブンとミニストップは加盟店が小規模事業者だという事由で外れた。

どこまでもいい加減な基準だが、一方で、行き過ぎた不買運動を批判する声も上がっていくことになる。

反日横断幕はメイド・イン・ジャパンだった

ソウル市中区は2019年8月5日、「中区はソウルの中心で、多くの外国人観光客が行き来する地域であり、世界に日本の不当さと韓国人の強い意志を見せる」と区長が述べ、区内に1100枚の「反日の旗」を掲示すると発表した。実際に翌日午前中に50枚を設置したところ、市民の反対が相次ぎわずか半日で撤回するハメになった。

中区は明洞《ミョンドン》や南大門《ナムデムン》、南山《ナムサン》など、外国人観光客が往来する観光スポットを抱えており、中区と隣接する鍾路区と合わせると200社を超える日系企業が事務所を構えている。運動が官主導という印象を与える恐れがあるうえに、日本人観光客や在住日本人が不安を感じれば、日本人を主要顧客に持つ商店の売り上げに影響する懸念があった。区のインターネットサイトに旗の撤去を求める書き込みが殺到し、大統領府のホームページに出された設置中止を求める請願に1万7500人以上が賛同した。

実は「反日の旗」を制作した印刷機は日本製と見られている。中区は韓国最大の印刷団地を擁する。ソウル市内の民間企業はもちろん、政府や自治体が発注する印刷物のほとんどがソウル市中区庁舎の裏側に広がる印刷団地で作られている。区も当然、団地内の業者に発注したはずで、その印刷団地に置かれる印刷機で布地に印刷できる機械は武藤工業製とブラザー製しかない。ソウル市の近郊には中国製印刷機を使用する工場もあるが、区外業者への越境発注はありえない。ちなみに中国製印刷機も主要部品は日本製である。

「ノー・ジャパン」ポスターの印刷に使われたオフセット印刷機は、世界市場ではドイツのハイデルベルク製が最も多く、日本の小森コーポレーションが追いかける構図で、日本も同様だが、韓国は圧倒的に三菱製印刷機が多い。

韓国にももちろんハイデルベルク社製印刷機を使用している工場はあるが、三菱製を使っている工場が最も安い見積金額を提示する傾向が強く、入札で決める自治体や各種団体が発注したポスターなど、三菱製印刷機で印刷されたと考えて良いだろう。

韓国は、新聞やテレビ、横断幕、ポスター、ステッカーなど、日本製品なしには、不買運動を喧伝できない国なのだ。

また、韓国の新聞社で使われるカメラはキヤノンやニコン製がほとんどだ。テレビ局のカメラはソニー製が最も多く、パナソニックと池上通信機が続いている。不買運動を提唱した市民団体や政府・自治体は、日本製カメラの前で拳を振り上げ、日本製印刷機で「ノー・ジャパン」の横断幕やポスター、ステッカーを印刷したことになる。皮肉な話である。
19年8月21日、中国・北京の郊外で日韓外相会談が行われた際、河野太郎外相が取材陣に近付いてカメラ機材を見ながら「それは何? キヤノン」「それは? ニコン。キヤノン2人か」と話しかけるシーンがあった。河野外相が話しかけたのは日本人記者のみ。日韓外相会談なのだから、韓国メディアも当然、日本語を解する記者を派遣したはずだ。彼らは自分たちがキヤノンやニコンを使っているので、河野外相はその点を皮肉ったと捉えたようだ。もっとも、河野外相が報道記者にカメラについて尋ねることは珍しくなく、そんな意図はなかったとされる。

韓国の新聞社ではキヤノンかニコンが主に使われている。世界のテレビカメラ市場はソニーとパナソニックが主流で、池上通信機と米国REDが続いているが、韓国はソニーの独壇場といっても良い。テレビカメラなどの業務用だけではなく、民生機もソニーしかない。放送用カメラのレンズは世界市場ではキヤノン製か富士フイルム製だが、韓国は圧倒的にキヤノン製だ。

新聞やテレビなどのメディアに加えて、自治体や公共機関もノー・ジャパンを喧伝するポスターや横断幕を掲示した。ソウル地下鉄の組合なども車内に「日本に行かない、日本製品を買わない、使わない」と書いたステッカーを貼り付けたが、これらも日本製機械で作られたとみられている。

ノー・ジャパン＋コロナで航空会社が破綻へ

韓国社会は様々な面で日本に深く依存している。具体的には次章以降で述べるが、例えば旅行関連の企業、従業員らは、不買運動によって最大の被害を受けた人たちであり業界だった。

たとえば航空業界。フラッグ・キャリアの大韓航空は無給休職を実施し、108人いた役員を79人に削減した後、希望退職者を募集。対象は勤続15年以上、かつ50歳以上の一般職と客室乗務員で、運航乗務員や技術研究職、国外勤務者等は除外した。法定退職金に最大24か月の賃金相当分を上積みして、退職後も最長4年間は子女の高校や大学資金を支援する内容だった。最大の被害を受けた業界でも、そこはフラッグ・キャリアということもあり、割と厚めの待遇が用意されていたと言えるだろう。

それとは逆に、格安航空会社（ＬＣＣ）の場合は大手と比較できないほどに深刻だった。ＬＣＣ各社は05年頃から収益性の高い国際線を強化した結果、航空運賃の低価格化が進んだ。LCCは乱立し、それと相前後して、年間1000万人から1300万人で推移してきた観光目的の韓国人出国者は18年には2800万人を突破する。

その一方で韓国を訪れる中国人が増加すると、各社はさらに国際線を強化。業界1位の済州航空が16年には26機だった保有機材を19年には44機に、11機を運航していたジンエアーは19機まで、それぞれ増強した。韓国LCC6社の保有機材は14年の66機から19年には150機に拡大する。17年、在韓米軍の基地に終末高高度防衛ミサイル（THAAD）が配備されると、中国政府は報復措置として韓国への団体旅行を禁止。訪韓中国人が激減したことで、各社は日本路線へのシフトを余儀なくされた。

LCCの場合、長距離路線の運航は物理的に難しく、運航エリアはアジアに限られる。その中で日本は路線開設の自由度が高く、収益性が最も高い。

日韓路線は距離が短く、飛行時間あたりのコストが小さい。加えて、日本人は時間を守るので、遅延が少なくオンタイム率が高くなるし、日本人は座席を汚すことがほとんどない。つまり、日本の空港に到着してから出発するまでの折り返し時間を短くできるので、1機が1日に往復する便数を多く設定できるわけだ。さらに機内販売品の購入額が大きく、預け入れ荷物の超過料金などについて、東南アジアや中国と比べて高く設定できるメリットもある。

14年に約7万だった韓国LCCの日韓路線の便数は、18年には12万超まで拡大、訪日韓国人は3倍増の750万人にふくれあがり、日本路線は韓国LCCの国際線全体の40%を占めるに至った。韓国LCCは、成田空港や関西国際空港など日本の主要空港はもちろん、地方空港にも就航するなど拡大を続けたが、19年第2四半期に赤字へ転落した。ウォン安と燃料費の高騰が重なったからだ。地方路線を中心に赤字が目立ち始めるなか、各社はこぞって割引・特価イベントを敢行した。日本と韓国を燃料代込み1万円以下で往復できる航空券が常態化し、30万ウォン（約2万7700円）をギリギリ切る価格で日韓路線50日間乗り放題という常軌を逸したキャンペーンを実施したLCCもある。

韓国では有給休暇の取得が義務付けられており、多くの会社員が7月後半から8月に1週間程度の有給休暇を取る。また9月中旬には秋夕と呼ばれる旧暦の盆の連休も控えており、7月から9月の第3四半期は稼ぎ時だ。赤字が拡大してもそこで挽回できると見込んで、日韓路線に強い航空会社であることをアピールする意味合いもあって同時に大幅な値引きをしたが、やってくるはずの儲け時はとうとう来なかった。

不買運動が始まった時点で、すでに夏休みの訪日観光を申し込んでいた人々のキャンセルはほとんど見られなかったが、新規の申し込みが激減し、破綻への道を歩み始めたのがイースター航空だった。

イースター航空は07年の設立以来、経営的に低空飛行を続けていたが、ウォン高と海外旅行ブームが重なった16年から3年連続で黒字を計上。拡大のためシンガポール路線に投じるべくボーイング737MAXを導入したが、その直後に同機種の墜落事故などが相次いだせいで米連邦航空局やEUが運航を禁止し、リース費用が嵩んでいった。

さらに19年第2四半期には前述の通りウォン安と燃料代の高騰、過当競争で業績が悪化し、7月から広がったノー・ジャパン運動の影響で頼みの綱だった日韓路線の利用者が激減し、全従業員を対象に無給休職を実施するに至る。

同社は日韓路線の依存度が高く、同年12月、済州航空への売却が決まったが、新型コロナウイルスが拡散しはじめた20年3月以降、全路線で運航を中断した。同じく、ノー・ジャパンと新型コロナのダブルパンチに見舞われた済州航空が買収を取り止めると発表し、事実上の破綻に陥った。

不買運動で最大の標的にされたのは韓国ユニクロだった。詳しくは第2章で触れるが、ソウルの冬にヒートテックは欠かせず代替品もないため、11月にはユニクロ前に行列ができることになる。ノー・ジャパンが展開された19年の冬もその光景は変わらず、自分たちに都合の良い「選択的不買」のはしりとなったが、そのユニクロと同じく狙い撃ちされたのは、レクサスやトヨタをはじめとする日本車だった。

不買運動がはじまった当初、キムチをぶつけられたり、落書きをされたりする日本車の被害が頻発した。また、日本車への給油を拒否するガソリンスタンドや修理サービスを断る自動車整備工場まで現れて、日本車の購入を躊躇する消費者が増えた。被害にあった日本車のオーナーや日本車を買いたくても断念したのは、ほとんどが日本人ではなく韓国人である。

実は、不買運動の前年、韓国トヨタは過去最高の売り上げを記録していた。韓国は世界有数の高級輸入車大国である。理由はステータスと安全性だ。韓国では多くの運転手が他車の割り込みを阻むために車間を詰めて走行するのだが、前を走る車が高級輸入車なら車間距離をきちんと取る。コントみたいな世界だ。

また、片側3車線以上の道路で2台の車の間をすり抜ける時も高級輸入車とは距離を空け、国産車の方に幅寄せする。駐車場で空いているスペースの隣が、一方が高級輸入車、他方が国産車の場合なら駐車するために寄せるのは国産車の側だ。

具体的な調査結果があるわけではないものの、高級輸入車が事故に遭う確率は国産車より低いのは間違いない。

加えてとりわけメンツを重要視する韓国人にとって、高級輸入車は格好のツールだ。韓国では優位な立場の人を「甲」、弱い人を「乙」と呼ぶ。第4章で詳しく触れるが、所有している自動車のランクによって他者からの扱いが変わるのも、この「甲乙」のわかりやすい例だ。

ある企業が経費削減のために社用車のランクを落としたところ、普段利用するホテルの対応も比例して悪くなったという話も聞いたことがある。高級車は安全でステータスを自慢できる反面、維持費も高い。性能より見た目を重視する韓国人は、維持費を少しでも抑えるため、燃料費が安いディーゼル車をおおむね選択してきた。

メルセデス・ベンツやBMW、アウディといった欧州自動車メーカーが韓国市場にディーゼル車を投入、ディーゼル乗用車をラインナップしていない日本車は苦戦していた。そんななか、17年5月に誕生した文政権は環境対策車の推進を公約に掲げたことで、レクサスとトヨタの売り上げは伸長した。微細塵《ミセモンジ》と呼ばれるPM10やPM2・5が問題視され始めたのに政府は対策を取ることはなく放置を続けた結果、事態はさらに深刻となり、ディーゼル車の規制を余儀なくされた。

文政権は17年時点で2万5000台ほどだった電気自動車を22年までに43万台に一気に増やすという計画を立て、電気自動車を購入する際に政府が最大900万ウォン（約81万円）を、自治体も450万ウォンから最大1100万ウォンをそれぞれ支援する体制を整えた。また、一部の自治体はディーゼル車を廃車にする費用を負担することも検討したが、消費者は電気自動車への充電インフラを心配した。

韓国は国民の大半が集合住宅に居住しており、なかでも大気汚染が深刻な首都圏は集合住宅の割合が極めて高い。しかし、充電設備があるマンションはほとんどなく、自宅で充電できないとなれば消費者はハイブリッド車に手を出さざるを得ない。政府が志向した環境対策が裏切られたのである。

韓国で販売されているハイブリッド車は、レクサス、トヨタ、ホンダ、現代の4ブランドで、高級車ブランドはレクサスしかない。またハイブリッド技術は日本が最高水準だという認識が定着している。加えてトヨタ、ホンダ、そして現代は、同クラスなら価格差がほとんどない。したがって高級車を求める人はレクサスを購入し、レクサスを買えない人たちはトヨタやホンダを選んだ。

さらに電気自動車の相次ぐ火災もトヨタを後押しした。現代自動車は政府が公約に掲げた電気自動車の開発に取り組み、18年、コナ・エレクトリックを発売したが、20年9月までに韓国で9件、韓国外で4件の火災事故が起こっている。国内販売2万5000台余と海外販売約5万1000台分の自主的なリコールの検討を始めた矢先の20年10月にも、京畿道南楊州市で充電中の車両に火災が発生した。

結果として、「独島（日本名：竹島）は韓国の領土」と書いた横断幕を、あろうことかプリウスに掲げて街宣する反日活動家も現れたのは、このような事情があったからだ。

今回も日本不買運動は不発に終わった

日本車と同様、日本を代表するコンテンツも選択的不買、つまり、韓国の人たちが自身の都合がよいように消費したものの一つとなった。

20年3月、韓国で新型コロナウイルスの感染が拡大し、外出の抑制を余儀なくされた人たちは販売を開始したばかりの任天堂のゲームソフト「あつまれ　どうぶつの森」

（通称：あつ森）に殺到した。韓国で任天堂のゲームを販売している流通会社の大元メディアは、20年1月から6月の上半期に任天堂スイッチが前年同期比61・5％増の約17万台、ゲームソフトが107・7％増の61万本販売されたと発表している。「あつ森」の発売直後の4月から6月期だけでも、ソフトの売り上げは32万本余に達し、前年比189・7％増を記録。「あつ森」がリリースされる直前、不買運動家は、任天堂のゲームを買わないように呼びかけたが全く奏功せず、ソウル市龍山《ヨンサン》の電子商店街には長蛇の列ができた。また、通信販売の大手企業が、通常価格36万ウォン（約3万2000円）から39万ウォンのスイッチが29万9000ウォンで購入可能だと告知すると、受付開始から1時間で56万件の問い合わせが集中する過熱ぶりとなった。

5月5日の子供の日のプレゼントでも任天堂スイッチと「あつ森」は一番人気となり、コロナ禍で不足したマスクより、入手が難しいとさえ言われたほどだった。総合スーパーなど、大元メディアを介さずに韓国任天堂から直接供給を受けている店もあり、韓国内の販売台数は、大元メディアが発表した数量の倍近くに上るとみられている。

総括すると、一連の運動で、個人向け消費財は大幅に落ち込むことになったのは事実だ。しかし、日本の韓国向け輸出は94％が資本財で、不買運動の対象になった消費財は

6％程度に過ぎない。不買運動の影響を受ける輸出品は最大で3％ほど。実際の影響は0・2～0・8％程度とみられている。その意味では、日本製品不買は最初から不発に終わることがわかっていた運動と言えるかもしれない。

コロナ禍で起こった日本特需

最後に、コロナ禍の日本特需についても触れておこう。

ソウル市は地下鉄の最終電車の運行時間を繰り上げ、また、間引き運転を開始。車内防疫を担当する職員の負担を軽減する名目だったが、在宅勤務やオンライン授業などの広がりで利用者が減少したことも、その判断に影響したようだ。運行本数が減った結果、駅のホームや地下鉄車内が密となり、他人との接触を避けたい人々が通勤手段を地下鉄やバスから日本製オートバイに切り替えたのだ。

加えて、食品などの出前需要の急増も日本製オートバイの売り上げを押し上げることにつながった。なぜ日本製で韓国製でないのかは後述する。

一方、政府による営業時間の短縮命令や会食制限などにより売り上げが落ち込んだ飲食店は、出前販売に活路を見出そうとして、配達代行会社と契約。代行会社は専属ライダーを採用し、二輪車をリースして配達業務を請け負うのだが、注文を捌《さば》き切れないため、アルバイトのライダーを急募した。

アルバイトのライダーは、二輪車などを自身で用意する必要がある。失業者や無給休暇で収入が落ち込んだ人、残業や会食がなくなって帰宅時間が早まった人たちなどが、ホンダ、ヤマハ、スズキといった、これも日本製オートバイを購入し、ライダーとして登録した。

ライダーたちは、ハンドルに据え付けたスマートフォンで注文を確認し、地図アプリで店や配達先を確認しながら配達する。韓国は125ccまで普通自動車免許で運転ができることから、運転が容易で配達効率が良い100cc〜125ccのスクーターが好まれている。韓国メーカーだとギア付きが主流で、商用スクーターは日本ブランドが充実している。

もっともそれ以前に、韓国製商用オートバイは購入から2年経つと市場価値はほとんどなくなってしまう。コロナ禍が収束してオートバイが不要になった時、日本製は相応の値段で売却できるが、韓国製は鉄屑同然。日本製は韓国製より高額だが、業務効率に加えて、燃費、維持費、リセールバリューなど、トータルコストが安いというわけだ。

日本製品の不買運動が始まる前の19年上期、韓国商用二輪市場の80％をホンダ、ヤマハ、スズキが占めていた。ホンダが大林《デリム》を抜いて1位となり、ヤマハもKRモータースを抜いて3位に浮上した。シェアはホンダ、大林、ヤマハ、KRモータース、スズキの順である。

しかし19年7月、不買運動が拡大し、韓国輸入二輪車環境協会が日本製オートバイを標的にして破壊するパフォーマンスを行った。当初、中古車を燃やす計画だったが、警察署と消防署が許可しなかったため、中古車1台と新車3台を金槌で叩き壊すことになった。

不買のパフォーマンスのためとはいえ、新車を購入することで売り上げに貢献することになるとは協会も忸怩《じくじ》たる思いだったことだろうし、他方、販売した小売店主は胸を撫《な》で下ろしたことだろう。壊した新車は計1400万〜1500万ウォン（約130万円）相当で、協会の会員らが購入しなければ、不買運動の影響で不良在庫化したかもしれないからだ。

ここで、韓国のオートバイ産業について駆け足で見ておくと、その歴史は1962年に遡る。起亜《キア》産業が本田技研工業との提携で生産を開始した後、二輪車事業を大林グループに売却した。また、暁星《ヒョソン》（現・KRモータース）が78年、スズキのライセンス生産を開始した。複数企業が二輪車産業に参入したが、日本の技術を受けた2社だけが生き残っている。

90年代、生産台数が年30万台に達した大林が、ホンダに提携解消を申し入れた。韓国の二輪車市場は100cc〜125ccの商用バイクが多数を占めており、ホンダは58年から発売を開始したスーパーカブC100の技術を供与したが、スーパーカブのコピーで満足したのか、大林がホンダから学ぶことはないと豪語して、本田宗一郎氏を激怒させたという。

2000年代に入って、韓国政府がオートバイの輸入制限を解除すると、ホンダが韓国に進出して提携を解消。大林、暁星、ホンダの3強体制となって他のメーカーは脱落し、3強の一角だった暁星も最終的にはラオスの企業に買収された。韓国メーカーの主力製品はホンダやスズキから学んだ商用二輪車のコピーモデルで、大型二輪は日本勢のホンダ、ヤマハ、スズキ、カワサキと欧米勢のBMW、ハーレー・ダビッドソンなどが競合し、スクーターでは日本の3社とイタリアのベスパなどが競合している。大型車や商用スクーターの技術を得られなかった時点で、韓国メーカーの出番はない。

21年1月、勝負に出たのはホンダだった。韓国メーカーが唯一存在感を示すことができている商用二輪車市場に、最も人気があるPCX125の21年式モデルを434万ウォン（約41万円）で投入したのだ。日本での販売価格は30万9800円（約324万ウォン）で、日本製なら価格差があるのは当然だが、同モデルはホンダのベトナム工場製である。ベトナムからの輸送費は日本より韓国の方が安いから韓国メディアは暴利だと批判、一方のホンダコリアは韓国の環境対策が厳しいと反論した。

第2章　日本に依存する衣食住

ノー・ジャパンで日本製品を買えない不便を痛感した人たち

前章で述べたように、文在寅大統領肝いりの日本製品不買運動は笛吹けど踊らず、の状況だったと言っていい。その最大の理由は、韓国社会が特に日本に依存した構造となっていて日本製品なしには立ち行かないからだ。本章では、その「衣食住」について見て行くことにしたい。

まずは衣の代表、ユニクロから。企画製造、販売まで一貫して行う製造小売業（SPA）で、ユニクロは2019年まで、スペインのインディテックスが展開するZARAとスウェーデンのH&Mに次ぐ世界3位だったが、韓国市場では50%のシェアで首位を独走し、2社を大きく引き離してきた。韓国のファッション業界で売り上げが1兆ウォン（約1000億円）を超える企業は限られており、単一ブランドだとユニクロが唯一だ。

韓国でユニクロを運営するエフアールエルコリアはファーストリテイリングが51%、

ロッテショッピングが49%を出資した日系企業である。図らずも不買運動で最大の標的にされることになった韓国ユニクロは、かねてからヒートテックが売り上げを支えてきた。ヒートテックは東レと開発したテクノロジーウェアで、体から放出される水蒸気を熱エネルギーに変換する原理を活かした商品だ。発売から17年までに世界で10億枚が売れたといわれている。

韓国の冬はとても寒く、首都ソウルをはじめ、多くの地域で日中も氷点下の日が続く。ちなみに韓国料理で連想される唐辛子は、16世紀末の文禄・慶長の役で、加藤清正が日本から持ち込んだのが最初といわれている。当初は手袋や足袋に唐辛子の粉を入れて凍傷を予防し、寒さを凌ぐためだった。時代が違うと言えばそれまでかもしれないが、冬の寒さがそれほど苛烈を極めるのは偽らざる事実だ。

ある時、韓国の中高生の間でアメリカブランドのザ・ノース・フェイスが流行したことがあった。ノース・フェイスを着ていない生徒はいじめに遭い、盗んで捕まる中高生まで現れた。ノース・フェイスは高価なのがネックだったが、その点、ユニクロのヒートテックは安価で盗むまでもないし、そもそも下着だから目立たない。冬の主役がノース・フェイスからヒートテックに変わるといじめはなくなった。ヒートテックがあればコートやダウンはなくても大丈夫というわけではないが、冬のソウルで存在感を高めたことは間違いない。

ユニクロはその後ライトダウンベストを発売し、これも韓国で大ヒットした。フロアのほぼ全員がライトダウンベストを着て仕事をする企業が現れ、スタッフは、まるで制服のようだと苦笑いしていたものだ。

話を戻すと、不買運動が始まった19年7月はユニクロなしでも生活できるが、極寒の冬にヒートテックを代替する商品がない。冬の足音が忍び寄りつつあった10月以降、ユニクロを巡って様々な動きが出始めた。まずは韓国進出15周年と銘打って、大規模なセールがオフラインで行われた。ユニクロを買いたいが、反日不買の中で他人の目を気にして店舗に入るのを躊躇《ためら》う「シャイ・ジャパン」が、この機を捉えて店を訪れて売り上げを牽引した。「自分一人くらいならいいだろう」という思いが重なった結果で、一部の店舗ではヒートテックやフリースジャケットが品切れになるほどだった。

しかし、10月中旬には、フリース製品の広告映像が物議を醸すことになる。広告に登場したのは、13歳の少女と98歳の年配女性で、二人は英語で会話をしている。少女が「着こなしがとても素敵だけど！　私くらいの年齢の時はどんな服を着ていたの？」と質問し、年配女性が「そんな昔のことは覚えていない」と答えるものだったが、韓国では年配女性のセリフに「まさか！　80年も前のことを覚えているかだって？」という、意訳された字幕が付いた。

放映された各国では、年配女性のファッションスタイルをほめる少女の口調や年配女性の自信あふれる態度が好評を博したが、韓国のネットユーザーは黙ってはおらず、これに噛み付いた。

80年前の韓国は日本の統治下で、年配女性は慰安婦と同じ年頃に見える。慰安婦を冒瀆したという解釈がネットで拡散した。韓国ユニクロの関係者は「広告の字幕は該当国家のマーケティングチームが自然に解釈して入れている」と明かしたが、韓国ユニクロは、公式コメントで「広告はフリース25周年を記念したグローバルシリーズで、いかなる政治的または宗教的な事案、信念、団体とも関係がない」とし、「多くの方々が不愉快に感じた部分について重く受け止めて直ちに該当の広告を中断する」と発表、テレビCMのほか、韓国向け動画の配信を中断した。

「韓国人スタッフが慰安婦のことまで考えて、そのような字幕を入れたとは思えない」というのが一般的な感覚ではあったが、収束の兆しを見せつつあった不買運動が再燃することになった。

そんな中の11月中旬、再びいくつかの韓国ユニクロの店舗前に行列ができる出来事があった。ひとつは、世界的デザイナーのジル・サンダーとコラボした「+J」コレクションの発売だ。各商品一人一点限りの販売だったが、オンラインショップは発売開始と同時に品切れが続出、実店舗にも客が殺到した。

その後、開店15周年記念セールを実施し、ヒートテックを10万着用意して無料でプレゼントするイベントを行うと、これまた開店前から長い行列ができた。韓国のある大学教授は自身のSNSに行列の写真を掲載し、「無料で配られる発熱肌着（ヒートテック）はサイズや色を選ぶことができないにもかかわらず、顧客は増えた」と書き込み、「もちろん不買運動は絶対に強要されるものではない。個々人の選択を尊重する」としながらも「日本が嘲笑《あざわら》っている」と、行列に並び無料アイテムに群がった人々を批判した。

この年のソウルの冬はさほど厳しくなかったが、韓国人の生活に深く入り込んだユニクロを彼らが排除するのはとても難しかったし、彼ら自身、そんなつもりはさらさらなかったのは不買が始まる前から自明のことだった。韓国ユニクロを展開するエフエルアールコリアは19年度の売り上げが大幅に減少して1兆ウォンを割り込んだが、例年通りの極寒なら、売り上げの落ち込みはそれほど大きくなかったかもしれない。

コロナ禍での出来事にも触れておきたい。

コロナ禍以前から、不買運動家はユニクロ旗艦店の明洞中央店の前に陣取って利用客を監視するほどだった。その後、感染者が増加すると明洞に閑古鳥が鳴き始め、21年1月に同店は閉店することになった。その一方で、不買運動家の目を避けたい人々はオンラインでヒートテックやエアリズムなどを注文するようになり、実際に売り切れるアイテムも出始めた。

明洞中央店は、韓国で最も地価が高い立地で家賃負担も大きかっただろう。オンラインで十分な売り上げを確保できれば、家賃が高い実店舗は必要ない。不買とコロナ禍によって眠っていた販売インフラが覚醒したと言うといささか大仰だが、韓国ユニクロのコスト削減を後押ししたのは間違いない。

韓国メディアはコロナ禍が続く限り日本ブランドの躍進が続くと論評する。裏返せばコロナ禍が収束すると共にその勢いは失速すると言いたいようなのだが、ノー・ジャパンで日本製品を買えない不便を痛感した人たちが、日本製品のない生活に戻りたいと考えることは恐らくないだろう。

不買の圧力にたじろぐことはなかった「ヤクルト」3つのポイント

ここからは食に話を移そう。日本製品の不買運動が続く中でも、安定して売り上げ高を維持していたのが日韓合弁企業の韓国ヤクルトだ。進出から半世紀を超える長寿企業で、韓国の乳酸菌飲料市場で70％のシェアを誇る。日本を訪問した韓国人が「日本にもヤクルトがある」と驚くほど定着しており、08年に売り上げ1兆ウォン企業に仲間入りを果たした。

大容量の容器を望む消費者に合わせた280ミリリットルの「ヤクルトグランド」は、販売チャネルとして選択したコンビニエンスストアで飲料部門の販売量1位を記録した。加えて、凍らせると容器の口が小さくて不便という消費者の声を取り入れて開発した「凍らせて食べるヤクルト」も発売直後から1日20万個以上の販売量を記録。糖分を50％減らした「ヤクルトライト」は、オリジナル商品の8倍以上売れるドル箱商品となっている。

ユニクロ同様、替えがきかない唯一無二の存在となっていたことが不買運動中でも売り上げが下がらなかった理由だが、ヤクルトが韓国内に浸透した背景は主に3つある。

韓国人に馴染みの深い乳酸菌飲料であること、日本と同じヤクルト・レディによる販売方式、そして消費者の声を反映した商品開発だ。

韓国人はキムチやマッコリなど乳酸菌発酵食品をよく摂取するが、韓国でヤクルトの販売が始まった1971年、「菌にお金を払って飲むのか」と世論は好意的ではなかったという。そこで韓国ヤクルト創業者の尹徳炳《ユンドクピョン》会長は、下痢や便秘予防に効果的な乳酸菌の効能を訴求し、また無料試飲を行うなど積極的なマーケティングを展開して、消費者の認識改革と販売拡大につなげた。発売開始から6年目の77年にして1日あたりの販売量が100万本を超え、国民の間に定着し始めた。

2つ目のヤクルト・レディについて、その公式名は「フレッシュ・マネジャー」。ちまたでは「ヤクルト・アジュンマ」の方が通りが良い。「アジュンマ」は、本来なら既婚女性や中年女性を指す表現だが、強い行動力と忍耐力を併せ持つ女性、という意味合いもある。ヤクルト・アジュンマたちは、夏の暑さや冬の寒さをものともせずにヤクルトを売り続けるし、人が集まるイベントや韓国名物のデモ会場などには、必ずといっていいほど彼女らの姿がある。

韓国ヤクルトが販売を開始した70年代、女性の職場は長時間低賃金の小売店の販売員や飲食店の店員くらいに限られ、子供を持つ主婦の就労は不可能に近かった。そのような時代にヤクルトはパート制を採用し、子育て中の主婦を中心に応募が殺到した。しゃれた帽子とユニフォームを着用した女性販売員がカートを引くスタイルは、それまでの配達員のイメージを一変させ、女性配達員の社会的地位を高めた。「ヤクルト・アジュンマ」は憧れの職業にもなったのだ。

当初47人だったヤクルト・アジュンマは98年には１万人を超え、２０１７年には１万３０００人に達した。早期退職者が多い韓国で、勤続10年を超える販売員が５０００人を超えているのもヤクルト・アジュンマの特徴だ。

一方、ヤクルト・アジュンマたちは高年齢化も深刻で、坂が多いソウルでの販売に支障が出始めた。韓国ヤクルトは14年から75億ウォン（約7億5000万円）を投入して、電動カートを導入した。それまで飲料が詰まったアイスボックスを手動式カートで運んでいたが、高年齢化に加えて、トラックで競業商品の宅配を行う業者との争いも激しくなり〝自走式冷蔵庫〟を開発したのだ。

電動カートの開発にあたって、最初にぶつかった課題はカートを製造する企業を探すことだった。同社が作ろうとしたカートを理解できる企業がなかったのだ。トラックや乗用車は対象外だった。ヤクルト・アジュンマが売り上げの約90％を生み出すシステムを維持するためである。担当者はゴルフカートのメーカー各社に相談したが、相談を受けた各社はどんな天候でも、また、韓国特有の坂やでこぼこが多い道でも完璧に作動する自走式冷蔵庫の開発に悪戦苦闘した。

韓国ヤクルトは韓国メーカー4社に16種類の試作車を作ってもらい、実際に宅配レディたちが運転するなど試行錯誤を繰り返して、自走式冷蔵庫〝ココ〟を誕生させた。〝ココ〟はいまや1万台を超えている。

3つ目の消費者の意見を反映した多様な商品開発もまたヤクルトの強みである。韓国ヤクルトを創業した尹会長は1976年に韓国の食品業界で初めて研究所を設立した。研究所は設立から20年かけて独自の乳酸菌を開発し、乳酸菌国産化時代を開き、現在まで韓国の食品業界を代表する乳酸菌研究の中心地として定着している。

最寄りのヤクルト・アジュンマを探すアプリには注文や決済機能も備わっている。以前、利用した市内バスの運転手が信号待ちで下車するシーンに出くわしたが、運行ルート上にいるヤクルト・アジュンマに注文していたのか、わずかな時間でヤクルトを片手に運転席に戻ってきて驚いたものだ。コロナ禍が広がると、無人販売の〝ココ〟も登場した。

日本を起源としながらも独自の進化を遂げたことで、韓国ヤクルトは社会に溶け込み、密接不可分な存在となっていた。それゆえに、不買の圧力にもたじろぐことはなかったのである。

韓国の伝統住宅を支えてきた日本のブランドと技術

食に続いて住について。韓国でビジネスを行う日本人の間では、リンナイも韓国で成功した日系企業と位置付けられている。ヤクルトと同様、リンナイを韓国企業と思っている韓国人は少なくない。日本を訪問して看板や商品を目にした韓国人旅行者が「日本にも進出している」とＳＮＳに投稿し、日本ブランドだと知っている人から失笑を買うほどに韓国に同化している。

リンナイは74年に韓国に進出し、ガスレンジ市場で不動のトップとなった後、ガスボイラー市場に参入。韓国は、古くからオンドルと呼ばれる床暖房で冬の寒さを凌いでおり、現在もガスや電気、灯油などを使用した温水床暖房が主流である。家庭用ガスコンロで50％近いシェアを持ち、トップを独走しつつ、床暖房でも韓国内３位のシェアを持つ。

家庭用ガスコンロとガスボイラーで韓国の代表ブランドに成長した後の2000年代からは、洗濯乾燥機、電気式コンロ、空気清浄機、業務用調理器具などを販売し、人気を高めていた。リンナイも不買のターゲットになったが、ガスコンロやまして床暖房は簡単に交換できるモノではない。韓国では共同住宅が主流で、建設するデベロッパーは設備の信頼性を最も重視する。不買運動が広がったからといって、それがブランドを換える理由にはならないのである。

韓国の住宅は、日本の分譲マンションに相当するアパートや中小規模のヴィラなど集合住宅が90％以上を占める一方、近年、郊外や地方都市を中心に戸建て住宅の人気が高まっている。なかでも、韓国の伝統家屋である「韓屋風住宅」が注目を浴び、木造住宅市場を牽引しているが、その分野にも日本の技術が活かされている。

韓国の戸建て木造住宅は90年代以降、米国から導入した2×4（ツーバイフォー）や2×6（ツーバイシックス）が未だ主流ではあるが、オンドル式床暖房を基本とする韓国の生活スタイルに向かないことから、消費者は木造住宅の購入に二の足を踏んでいるのが実情だ。

そんな中、韓屋風住宅が注目されるようになり、05年まで年間2000戸以下だった木造住宅の新築が16年には1万5000戸にまで増加した。伝統韓屋を建築できる技術者は少なく、高額で庶民には手が届かない高嶺の花だったが、日本の木材とプレカット技術を活用した、いわば〝日本製〟韓屋が登場し、手が出しやすくなった。

韓国式の木造住宅は木材を現場で切るなど材料の無駄が増えて、施工期間も長くなる。無駄になる材料費や工期の延長は価格に反映される。一方、現場での施工前に工場などで原材料の切断や接合部の加工を施すプレカットは材料の無駄を省き、施工期間の大幅な短縮を実現する。韓国にはない技法である。

プレカットはさらに梁や継ぎ手・仕口なども工場で加工されるので、強度を1本ずつ確認することができ、高精度な構造計算が可能となる。ミリ単位の精度で加工された資材は、バラつきやミスが無いため、現場での施工精度も高まる。工期短縮や品質の均一化、材料や時間的ロスの軽減などのコスト削減に加えて、工事現場から発生する端材や木屑も少なく、環境的にも優しい技法である。

10年、忠清南道公州市と扶余郡は百済遺跡の世界文化遺産登録を目指して「世界大百済展」を開催し、公州市は目玉のひとつとして韓国の伝統住居を体験する公州韓屋村を造成した。当初は韓国産のマツや米マツを使用して建設していたところ、予定期日に間に合わないことが判明して、宮崎県産のスギ集成材とプレカット処理された部材を一部導入した。韓屋完成後3年経った時点で、韓国産のマツ材にはかなりのひび割れが発生していたのに比べ、宮崎のスギ集成材はほとんど割れがなかったという。

14年には、古都慶州に日本人建築家が手がけた店舗付き住宅の韓屋が誕生した。約16坪の小ぶりな家屋で、外観は普通の韓屋だが、天井を横切る大梁がないなど、これまでの韓国にはなかった類の韓屋だった。当初、韓国の大工は経験がないからと難色を示したが、建築家の冨井正憲・漢陽大建築学部客員教授は諦めなかった。

韓国の瓦は日本の瓦と比べて3〜4倍の重さがあり、これを梁がない屋根に設置するのは大変で設計費は相当な額にのぼったという。実際、冨井教授はメディアのインタビューで、「慶州に住んでいた日本人の知人から、〝マンションを出て小さな家を作りたい〟という相談を受けた。建築主は博士課程の学生で、十分な予算はなく、工事費は1000万円程度しかなかった」と答えている。教授は、天井を横切る梁がなければ視覚的により広く見えると考え、そのように作業を進めた。受領した設計費は構造デザイン費やソウルと慶州を40回往復した交通費でほとんど消えてしまったという。

韓屋の施工費は日本の木造建築費と比べてもかなり高額で、普及を妨げていた要因の

1つだったが、韓国の伝統住宅に一石を投じる出来事となったのは紛れもない事実だ。同じ漢陽大建築学部のソ・ヒョン教授は、「韓国の建築家は韓屋の平面を変化させることに集中して、屋根の施工は大工の領域と考えてきた。冨井氏の韓屋は伝統方式を再現する従来の方式から抜け出した」と評した。

〝住〟のエリアにも日本の技術が息づいて、日本人建築家と日本のプレカット技術が韓国の伝統住宅を支えている。

「韓国百貨店業界の父」と呼ばれた日本人

韓国第5位の財閥企業ロッテも日本からの進出企業だ。

88年のソウルオリンピックを前に、韓国政府は世界各国から訪れる外国人にホテルや百貨店などグローバルスタンダードのサービスを提供するため、海外の韓国系実業家に呼びかけ、その結果、ロッテが手をあげた。ロッテを創業した故・重光武雄（辛格浩《シンキョクホ》）は韓国政府の招聘に応じたが、ホテルや百貨店を運営した経験はなかった。

重光は当時、九州の小倉玉屋常務営業本部長だった秋山英一に白羽の矢を立てた。福岡で育った秋山は51年に三越百貨店に入社し、63年、大阪三越の婦人子供服部長に昇進。

66年に福岡玉屋の田中丸善八会長から請われて移籍し、72年、小倉玉屋常務営業本部長に就任していた。

ロッテの担当者から幾度となく移籍の打診を受けた秋山は、筋を通して断わるために重光と面談することにした。現地を見て決断して欲しいと言われた秋山は、そこまで言うなら、とソウルを視察。街に溢れる活気に驚く一方、流行の先端を行くようなファッションリーダーが不在であることにチャンスを感じ、日本と異なる商習慣などを見るにつけ韓国で本格的な百貨店経営に挑戦したいという考えが芽生えて、ロッテへの入社を決意。秋山は77年、韓国ロッテホテル常務兼百貨店事業本部長に就任している。

韓国人は年長の家族や親戚などには礼を尽くすが、他人や関係が深くない相手のことを無視して見下すことがあり、店員の客に対する態度にもそういったニュアンスが表れていた。また、秋山が韓国最大の新世界百貨店を視察した時、服飾コーナーで店員がキムチゲを食べる姿を目にした。商品にキムチの匂いがつくにもかかわらず、である。

秋山は、まずは接客態度を変えなければならないと考えて、日本式のお辞儀や挨拶を導入した。当初、韓国の文化に合わないというアレルギー反応で一杯だった日本式接客はその後、他の百貨店にも広がり、スタンダードとなった。

秋山は商品開発にも取り組んだ。ごま油と塩で海苔に味を付けたお馴染みの韓国海苔やパックのキムチは秋山が考案したものだ。韓国人スタッフは、キムチは家庭で作るものであり、売れるはずがないと猛反対したが、旅行者のみならず韓国人にも好評で、いまや定番商品になっていることは誰もが知るところだろう。

もちろん失敗もあった。百貨店内にオープンさせた日本式の牛丼店が、閉店に追い込まれた。日本では牛丼はファストフードだが、韓国人は食事と考えるため、おかわり自由のキムチや汁物は必須である。また、日本と同様に箸を用意したが、韓国人は丼物を匙で食べる習慣がある。韓国で日本式の丼が市民権を得たのは２０１０年以降と極めて遅く、その意味で時代の先を行き過ぎたといえるかもしれない。

いずれにせよ、秋山が持ち込んだ日本式の接客や販売方法は、他の百貨店やスーパーなどにも広がった。韓国流通業界の手本を作った秋山は「韓国百貨店業界の父」と呼ばれている。

33年かけて育てた「シャインマスカット」は合法的にダダ漏れ状態

日本製品不買運動の拡大は、韓国農産業界にも大きなインパクトを与えた。韓国農業の日本依存度は種子部門で際立っており、なかでも果物の輸入割合がとても高い。農村振興庁によると、リンゴ、梨、ブドウ、ミカン、クロマメなどの国内産自給率は30%を下回っていて、ミカンの自給率は2・3%しかない。桃は平均を上回る34・5%で、善戦しているトマトは53・9%などとなっている。

タマネギの自給率は28・2%で、韓国内生産が最も多いのは日本品種のカタマルで、2位はサンパワー、3位はマルシノ310と上位3品目を日本品種が独占する。

リンゴは1位がふじで、2位は韓国品種だが、つがるが3位。

韓国の祭祀で欠かせない梨も2位は韓国品種だが、1位と3位は日本品種で、桃は長野県で77年に開発された「川中島白桃」の栽培面積が最も広い。

ブドウは、1位は米国品種の「キャンベルアーリー」だが、2位「巨峰」と3位の「シャインマスカット」は日本品種で、韓国が95%は国産だと豪語するイチゴも、日本品種を交配して作られた〝自称・韓国品種〟がほとんどだ。

ミカンに至っては94%を日本品種が占めるなど、とにかく韓国の農業は日本依存度が極めて高い。韓国のしたたかさが如実に窺える領域でもあるので、以下にぜひ紹介しておきたい。

2018年、平昌冬季五輪で銅メダルを獲得したカーリング女子日本代表が、試合中の休憩時間に果物やお菓子で栄養を補給した「もぐもぐタイム」に注目が集まり、選手が試合後の記者会見で「韓国のイチゴがおいしかった」と絶賛したことがあった。

これに対して当時の斎藤健農水相は「以前に日本から流出した品種を基に、韓国で交配されたものが主だ」「海外でも知的財産権を取得し、仮に流出が発見された場合は、栽培や販売の差し止め請求などを行うことが重要だ」とコメントした。実際、韓国のイチゴは日本から流出した品種を交配させた品種が多い。

17年時点の韓国のイチゴ市場で流通する品種の93・4%は韓国産で、その内訳は「雪香《ソルヒャン》」が83・6%と最も多く、「竹香《チュクヒャン》」5%、「梅香《メヒャン》」3・3%と続き、外国品種は静岡県産の「章姫《あきひめ》」が4・8%、愛媛県産の「レッドパール」が1・0%などとなっている。

表向き、韓国産とは見なされるが、そもそも雪香はレッドパールと章姫を交配した品種で、韓国が輸出に力を入れている梅香は章姫と栃の峰（栃木県）を交配したもので、要するに、日本由来の品種が上位を独占している状態だ。

日本産イチゴの流出は90年代に始まった。日本の個人業者や自治体が韓国の一部の育成者に、「個人栽培」を許可したものが流出して無断栽培へと拡大。それに呼応するように、韓国中西部にある国家機関傘下のイチゴ試験場で韓国産イチゴの開発が進められていく。

00年代初頭、韓国のイチゴ市場は日本品種が90％を占め、韓国品種は1％程度にとどまっていた。02年に韓国が植物新品種保護国際同盟（UPOV）に加入すると、日本政府が章姫・レッドパールなどを開発・育成する農家にロイヤリティを支払うよう韓国側に要求した。しかし、監視の目をかいくぐろうとするイチゴ農家といたちごっこのような状態となり、そうこうするうちに純日本品種同士を交配させて、02年に梅香、03年に晩香、05年には雪香と錦香など、17年までに9品種を誕生させた。

特に雪香の普及に比例して韓国のイチゴ生産量は増加し、02年に5700億ウォン（約513億円）ほどだった生産額は、13年には1兆ウォン（約900億円）を超えるまでに成長していった。韓国は梅香を香港やシンガポールなどに輸出している。日本は年間16億円のロイヤリティを得られた可能性があり、13年〜17年の5年間に喪失した輸出額は220億円に上ったと農水省は推計している。

日本では新品種の開発が絶え間なく続けられ、韓国側も従来種ではいずれ太刀打ちできなくなると考え、品種研究の助力を得ようと日本を訪問したことがあったが、温室前で門前払いに遭ったという。言い方は悪いが〝盗人猛々しい〟という表現になるだろうか。韓国の無断栽培と日本品種の交配は、日本のイチゴ研究者の間では常識で、韓国の研究員に対する警戒心が広がっている。

一方、高級ブドウの一翼を担うようになったシャインマスカットに関しては、21年6月、苗木を許可なしに販売目的で保管していた日本人の男について種苗法違反容疑で警視庁が書類送検した一件があった。男の販売先は国内だったが、そこから苗木が国外に流出する可能性は否定できない。ブランド農作物の種や苗木が海外に流出する問題がクローズアップされ、そのために改正された種苗法が同年の4月から施行されている。とにかく、シャインマスカットが韓国と中国で無断栽培されているのは紛れもない事実だ。

農水省所管の農研機構が33年かけて開発したシャインマスカットは06年に品種登録が行われたが、輸出を想定していなかったことから国外での品種登録は見送られた。ブドウの海外登録はUPOVで「自国内登録から6年以内に行うこと」と定められており、それを怠ったことで、中国と韓国で〝合法的〟な無断栽培が始まってしまったのだ。

中国産シャインマスカットの値段は安く、日本産と比べて味が劣るものの、韓国産は日本産と比べて味が劣るが中国産よりは良く、値段も日本産と中国産の中間だ。19年に

韓国は2300万ドル（約25億円）相当のブドウを輸出しており、実にその72・4％が

シャインマスカットだった。

日本が持ち込んだ「緑茶」に超・高関税をかける精神性

イチゴやブドウのみならず、20年には韓国で日本のサツマイモが無断で栽培されている実態も明らかになった。

韓国のサツマイモは、江戸時代に朝鮮通信使が持ち込んだといわれている。チャプチェやタッカルビなどの韓国料理に加えて、サツマイモをトッピングしたピザやサツマイモケーキ、サツマイモラテも人気だ。

K－POPアイドルグループ「少女時代」のソヒョンや17年に解散した「miss A」のスジが火付け役となったサツマイモ・ダイエットが注目を浴び、乳製品メーカーの「ピングレ」はサツマイモを原料に加えたヨーグルトの販売を開始したほどだ。

同じように日本式焼き芋もブームとなったが、その実態は農研機構が開発した「べにはるか」が主だった。10年に登録された品種で、九州や関東の産地を中心に普及し、ブランド化が進んでいる。

べにはるかが韓国に流出したのは、韓国の農業関係者が日本の産地を視察した際に、種芋を無断で持ち帰ったことがきっかけとみられている。15年頃から韓国内で栽培が始まり、公共機関の地方技術センターが培養を進めて安価な苗を提供し、短期間で拡大。18年には栽培面積が韓国のサツマイモ全体の40％に達した。

日本のサツマイモは今、アジアやカナダなどでも人気があり、直近10年間の輸出額が10倍以上に膨らんだ一方、韓国も日本品種のサツマイモの輸出を始めており、日本の輸出が影響を受けると産地関係者は懸念している。

しかし国際法上、違法性を問うことは難しく、栽培差し止めや損害賠償請求ができないのが現状だ。韓国は世界各国と自由貿易協定（ＦＴＡ）の締結を進めるが、日韓ＦＴＡは04年の協議を最後に中断している。日本が韓国から輸入している主要品目の関税は多くがゼロか低率であるのに対し、韓国は高い関税を課している。高率課税で輸入を制限し、また輸入自体を禁止している品目もある。

高率関税の代表は緑茶で、40～513・6％と極めて高い関税率で輸入に制限を加えている。もちろん国産緑茶を保護するためで、高税率との指摘が多い日本酒の関税は15％で、酒税等を合わせた実効税率は53％程度である。焼酎の関税率は30％で、酒税等を合わせると110％を超えるが、緑茶はこれらをはるかに上回る。

日本の緑茶は最澄や空海など留学僧が唐から持ち帰ったのが最初といわれ、鎌倉時代に栄西が宋から種子を持ち帰って以降、仏教寺院や武士階級を中心に広まった。韓国にも新羅時代に伝わって仏教とともに広がったが、朝鮮王朝の仏教排斥に伴って下火になった。今は日本が韓国を統治した30年代に持ち込んだ「やぶきた種」が主に栽培されている。やぶきた種は1908年に静岡で開発され、静岡県が奨励品種に指定して以降、急速に広まった。

しかし、食材の味が損なわれるほど混ぜるのが好きな韓国人は茶の味を理解できないからなのか、ソウル五輪のあった88年、玄米と混ぜ合わせた「玄米緑茶」が発売され、そのまま主流となっている。ちなみに、玄米緑茶の関税は40％に引き下げられている。


韓国大手テレビ局が報じた「日本産エノキへのロイヤリティ」の顚末

韓国のミカン市場における日本品種の割合の高さについては既に触れたが、18年、日本品種の無断栽培を続けてきた済州島のミカン農家に衝撃が走った。収穫を直前に控えた「みはや」と「あすみ」、合わせて920トンを出荷できない事態に陥ったのだ。

まず、済州島のミカン栽培の歴史をざっと見ておこう。朝鮮が周辺の島を併合した15世紀に本格化した。その後、19世紀に朝鮮王朝がミカン税を増額すると衰退し、日本が韓国を併合した直後に復活。1911年、フランス人の神父が日本人の神父から送られた温州みかんの苗木を植え、同年、済州島の出身者が研修先の熊本から持ち帰った苗木を植えた。13年にはある日本人が済州島に大規模な温州みかん農園を開園して生産が拡大。

45年、日本と韓国の国交が途絶えると、済州島のミカン産業は衰退したが、64年に済州島を訪問した朴正熙《パクチョンヒ》大統領が「収益性の高い柑橘栽培を積極的に奨励する」と指示を出し、翌65年、日韓基本条約を締結して日本から多額の支援を得た政府は、ミカン増殖事業を開始。日本の資金が投入された済州島では70年代前半、農家の91%が柑橘類を栽培するまでになった。

現地のミカンは90%以上が日本品種で、なかでも「ハンラボン（漢拏峰）」は済州島を代表する名産となっている。ハンラボンは商標登録上デコポンの名で知られる紛れもない日本品種で、済州島最高峰の漢拏山《ハンラサン》にちなんで名付けられた無断栽培モノだ。日本品種を次々と無断栽培してきた済州島は、新品種の「みはや」と「あすみ」にも手を出した。

デコポンは国際条約による品種登録期限を過ぎていたが、「みはや」と「あすみ」について日本は登録を出願し、18年に韓国国立種子院から品種臨時保護権が認められた。韓国当局は「臨時保護権は種子と苗木が対象で、果実には及ばない」という独自の解釈を展開して2品種の栽培を促進した。

しかし、収穫直前になって刑事罰とロイヤリティが科される恐れがあると判断し、韓国の農協側も「国際紛争や訴訟問題になる懸念がある」としてスーパーや市場での販売を禁止した。それがこの項の冒頭に記した農家の衝撃に繋がる。品種登録は育成者に適正な対価を払うための制度で、ロイヤリティを払えば販売は可能なのだが、無断栽培しか経験がない業界は、出荷停止の方を選択したわけだ。

最後にエノキタケにまつわる、ちょっとした騒動に触れてこの項を終えることにしよう。

大手テレビ局のSBSが20年11月に放送したバラエティ番組で、韓国で栽培されるエノキタケの75%が日本品種で「日本に毎年10億ウォン（約9400万円）以上のロイヤリティが支払われている」と紹介すると、白色エノキタケが日本製品不買運動に加わった。もともと韓国品種は茶色で、消費者はこれを「腐っている」と勘違いし、日本品種を選んでいたのだという。

番組終了後、ネット上に「白色エノキ不買運動」を呼び掛ける掲示板が登場し、「白色は食べない」「スーパーで売ってくれれば茶色を選ぶ」などと賛同する声が上がり、実際にある大手スーパーが販売を開始した。

一方で、韓国農村振興庁は、国内生産量の60％を占めるエノキタケ農家が日本品種に合わせた生産設備を有しており、農家が費用をかけて他の品種に変えることは現実的ではないと話している。韓国で流通する日本品種の量からすれば、それも当然のことだろう。ロイヤリティに過剰反応したり、腐っていると勘違いしていたり、大手スーパーが並べたりと、何とも滑稽なやり取りだという他ない。

日本製部品で作られた自称〝韓国製〟農機は不買対象にならないのか

農業がそうなら農機具の日本への依存度も高い。「日本製部品が少しでも含まれる製品を買うな」と圧力をかけるばかりの不買運動家が少しでも調べれば、農業機械も購入できなくなるほどだ。

ヤンマーは05年に子会社「ヤンマー農機コリア」を設立して韓国に進出した。それ以降ヤンマーは韓国の農機具メーカーに部品を供給し、多くの農家は信頼性が高いヤンマー製エンジンを搭載する機械を選んできた。

20年に全羅南道海南郡から選出された与党議員が、ヤンマー農機コリアが機械の製造年度を操作したとして「農業機械化促進法改正案」を発議した。その2か月前に、農村振興庁と農林畜産食品部、農業技術実用化財団で構成された政府合同調査団の現場調査によって、関連する疑惑が浮上していたのだ。ヤンマー農機コリアは全数調査を実施する方針を出した政府合同調査団に対し、5年間に販売した約6000台の情報を提出した。

韓国の法律上、農業用トラクターや動力運搬車、掘削機などは型式表示板の装着が義務付けられるが、田植え機は装着義務がなく違法ではない。要するにイチャモンなのだが、与党議員や政府機関はヤンマー農機コリアを告発し、3年間、農業機械供給者から除外しようと画策した。

ヤンマーが農業機械供給者から除外された場合、該当商品を購入した農家は融資を受けることが難しくなる。生産性の高いヤンマーの農機具を使えないのは韓国農業にとってマイナスでしかなく、農機具を販売して生計を立てている個人代理店やエンジンの供給を受けている韓国の農機具メーカーにも影響が広がる。農作業を行わない議員や官僚の想像力には限界があるのだろう。

農協が韓国農機工協同組合に提出した「農機購入支援事業の融資実績」によると、13年から18年までの5年間に韓国で販売された農機のうち、トラクターは13・6%、田植え機は40・5%、コンバインは29・9%が輸入機械で、なかでもヤンマー、クボタ、イセキが多かった。

与党議員が標的にした田植え機は、26・1%を占めるヤンマーが最多だった。日本製農機具は韓国製より高額だが、農村の高齢化や人手不足が加速化するなか、耐久性や信頼性も相まって年々シェアを伸ばしている。韓国農機具市場における日本メーカーのシェアは約30%だが、表向き韓国製とされる農機具のエンジンは約50%が日本製で、自動変速機や電装技術、統合制御システムなど核心部品は60%以上を日本製が占め、なかには丸々、日本製部品で作られた自称〝韓国製〟農機具もあるという。

第1章で触れたように、微細塵《ミセモンジ》と呼ばれるＰＭ10、ＰＭ２・５が深刻化した16年、韓国政府はディーゼルエンジンの排出基準を強化した。しかし、基準をクリアするエンジンを作っていた韓国農機具メーカーは、最大手の大同工業のみだった。

大同工業は、農業機械の中核はエンジンであるという考えで、多額の開発費を投入してきた。創業は１９４７年で、64年に韓国農機具業界で初めて単気筒ディーゼルエンジンを、83年には多気筒ディーゼルエンジンを発表するなど業界をリードしてきた同社は海外への輸出を目論み、グローバル基準を満たすティア５（Tier5、微細粉塵排出基準0.015μg/kWh）エンジンの開発を進めてきた。

その大同工業は２０１９年、日本政府の韓国向け輸出管理強化（第1章参照）を受け、部品需給に影響が出て生産に支障が生じる事態を憂慮した。持ち前の〝国産〟エンジンは主要部品を日本からの輸入に頼っているのだ。また、自動変速機や電装技術、統合制御システムなど、エンジン以外の核心部品の多くも日本から輸入している。

業界2位の東洋物産が販売する農機具はヤンマー製エンジンを搭載する。日本の輸出管理強化で、米国製かドイツ製に切り替える検討を始めたが、欧米からの輸入は輸送コストが増える上、エンジンを変えると機械の内部設計をやり直さなければならない。日本依存から脱却するには政府の支援が必要と指摘する声もあるが、簡単ではない。

まずはメンテナンスの問題がある。農機具の購入者はほとんどが個人農家で、機械が壊れたからといって大規模修繕や入れ替えは容易ではない。また、農家が同じ機具を同じ時期に使うため、代替機の確保も難しい。信頼性が高く、実績がある日本製エンジンのニーズが高いのだ。

次に農機具は需要が限られることから、メーカーが投入する開発費を回収できない可能性がある。さらには特許の壁が立ちはだかる。ヤンマーやクボタは、韓国企業にエンジンや部品を供給する一方、核心技術の特許を取得してきた。日本企業は１９９９年以降、韓国で販売する農業機械の核心部品のうち、トラクターは58％、コンバインは96％、田植え機は89％の特許を取得した。研究開発の名目であれ、模倣すると特許権侵害になりかねない。

韓国農業は日本製農機具を使って、日本品種を無断栽培し、日本品種をベースに〝国産〟品種を開発し、部品のほとんどが日本製で構成される〝国産〟機械を作っている。日本に依存し、日本製品を模倣する韓国企業は少なくないが、農業は産業全体が日本に依存する。〝ノー・ジャパン〟を追求すればそれだけ、韓国の農業、そして食生活が大打撃を受けることは目に見えていたのだ。

第3章　日本に依存するインフラ

統治時代に日本が建てて現在も使われている建造物の価値

第2章では、「衣食住」における韓国社会の日本への依存について紹介した。政府や自治体はことあるごとに、日本による統治時代、日本から朝鮮半島へ伝わった文化などを取り除くべきだという「日帝残滓」の清算を唱える。もっとも、その時代にもたらされたもので有効利用されている例は数多い。この章ではインフラ面での日本への依存を中心に見ていこう。

２０２０年10月、韓国文化財庁はソウル・南大門路にある韓国銀行貨幣博物館の礎石に刻まれた「定礎」の文字が、初代韓国統監の伊藤博文によるものだと確認したことを発表した。「定礎」の文字は１９０９年、韓国統監を辞任した伊藤が帰国前に書いたと推定されていたが、作成者の部分が消されていて、確証が得られていなかったのだ。

一部の市民団体から撤去を求める声が上がり、建物の所有者である韓国銀行の意見やパブリック・コメントなどを参照して判断することになったものの、歴史的・学術的・芸術的に価値が高いとされる「史跡」に指定されており、文化財庁は歴史的事実を示す文化財であり、そのまま残すことが望ましいという見解を示した。保存か撤去か、韓国世論は真っ二つに分かれたが、2021年5月、保存が決まった。

貨幣博物館自体は、東京駅や日本銀行の本店や支店などの設計を手掛けた辰野金吾の設計で、1907年に着工、12年に朝鮮銀行として完成した。日本の統治が終了した45年に朝鮮銀行は解散し、建物はその後、韓国中央銀行の本店へと衣替えした。87年から本店は建物裏手に新築されたビルに移転し、2001年に現在の韓国貨幣博物館としてオープンしたという経緯がある。

このように統治時代に日本が建てて、現在も使われている公共の建物はほかにもある。ソウル市図書館は統治時代の京城府庁で、戦後はソウル市庁となり、新庁舎が完成する12年まで使われた。

第一銀行仁川支店は仁川開港博物館、旧京城裁判所は市立美術館など、博物館や美術館となった建物が多いなか、京城府庁に隣接して建てられた多目的ホールの京城府民館は戦後に韓国国会議事堂となり、現在はソウル市議会議事堂として使われている。

日本が持ち込んだ最も大きなインフラは鉄道になるだろう。

韓国の都市鉄道は法令で右側通行と定められ、ソウル市交通公社が運行する地下鉄はすべて右側通行となっている。反対に、日本が建設した路線と路線を引き継いだ全国の鉄道公社線と鉄道公社が運行する首都圏鉄道1号線、4号線のソウル市外、空港鉄道や盆唐線などは左側通行だ。

日本が建設した鉄道公社線は、その多くの路線で日本が決めた1435ミリメートル幅を採用している。日本の新幹線は1435ミリ幅だが、在来線は1067ミリ幅だから相互乗り入れができない。一方で、韓国の鉄道公社線は高速鉄道のKTXと在来線は同じ軌道を採用していることもあり、KTXが在来線に乗り入れている区間は少なくない。

主要鉄道のほとんどは日本が敷設した路線を継承している

韓国最初の鉄道は1896年3月、アメリカ人実業家モールスが敷設権を得た。1年以内に起工し、3年以内に竣工する条件で、モールスは翌97年、当時、漢城と呼ばれていた首都ソウルと仁川を結ぶ鉄道の起工式を挙行したものの、その直後、資金調達難に見舞われる。仁川に居住していたモールスなど朝鮮ビジネスを始めていた米国人は首都と仁川港を結ぶ鉄道のもたらすものの大きさを理解できただろうが、朝鮮と関わりがない米国人にとって開国から20年ほどの国に出資するなど、リスクが高すぎた。

本国の資金をあてにできなくなったモールスは日本に援助を要請した。敷設権を譲渡し、施工者として事業に関わりたいと申し入れた。日本側はモールスに5万ドル（現在の価値で約1億6000万円）の手付金を渡して着工したが、モールスはたびたび増額を要求。98年5月、日本は83万6562ドル（同＝約26億7700万円）を支払ってすべての権利を獲得して京仁鉄道合資会社を設立、渋沢栄一が社長に就任した。

日本にとっては手痛い出費だったが背に腹は代えられない。欧米列強がアジアの植民地化を進めており、英国、フランス、ロシアが朝鮮半島の支配権を虎視眈々と狙っていた。この3国のいずれかが隣接する鉄道の敷設権を得て、これを足掛かりに植民地化すれば、日本にとって脅威になる。なかでも朝鮮半島が帝政ロシアの支配下に入ることに強い警戒感があったのだ。

日本が韓国の鉄道を敷設するにあたって、左側通行と1435ミリ幅の軌道を導入したのは先に触れた。日本の鉄道は1872年にイギリスから輸入されたもので、106

7ミリの軌道を採用した。蒸気機関車を発明したジョージ・スティーブンソンが請け負った炭鉱鉄道の軌道は1435ミリだったといわれており、これを標準軌、これより狭い軌道は狭軌、標準軌より広い軌道は広軌と呼ばれている。

線路の軌道は広いほど高速かつ多くの物資を運ぶことができ、狭いほど建設コストと維持コストを抑えることができる。当時、1067ミリなら、標準軌の線路とほぼ同じ性能でコストを抑えられるという提案がなされ、イギリスの植民地や日本、台湾などで採用された。

しかし、オーストラリアなどの植民地で敷設が進んだ80年代、費用対効果がそれほど良くないことが判明し、標準軌がふたたび主流となった。日本の鉄道があと10年早いか、あるいは10年遅ければ、新幹線と同じ標準軌で敷設されたかもしれない。

87年、旧日本陸軍は標準軌への改軌を建議する。また、1909年頃から後藤新平らが改軌を主張し、内閣が変わるたびに改軌か否かで揺れ動いたが、原敬が改軌案を破棄して議論に終止符が打たれた。

鉄道が敷設されていない地域が多かったことから、改軌に費用をかけるより、路線網の拡大を優先させるという考えだった。日本で改軌案が議論されていた時代に建設された韓国の鉄道は、初めから標準軌が採用された。

日本が敷設権を買い取った時、すでに着工から2年近くが経過していた。モールスから請け負った社の工事は杜撰《ずさん》で、設計と異なっている箇所も多く、勾配、築堤、幅員不足など、ほとんどの部分で手直しが必要だった。先進国の米国でさえ完工できなかった工事であり、日本が初めて外地で行った大仕事が失敗するのを英仏露が見守るなか、威信をかけた鉄道敷設がはじまった。

1899年、仁川から首都・漢城を流れる漢江の南岸の鷺梁津駅までが部分開業し、翌1900年、最大の難関だった漢江鉄橋が完成して、京城駅と仁川港を結ぶ京仁線が開通した。05年には漢城と釜山を結ぶ京釜線と、同じく漢城と中朝国境の新義州を結ぶ京義線が開通。10年に日本が韓国を併合すると、朝鮮総督府は朝鮮半島全域に鉄道を敷設。現在、韓国と北朝鮮の主要路線のほとんどが、当時、日本が敷設した路線を継承している。

朝鮮総督府は25年に赤煉瓦の駅舎を竣工し、これが戦後にソウル駅となった。日本統治政府が建築し、現存する公共建物のなかでは建築面積で最大を誇る。

東京駅と似ているとよくいわれるが、設計者は東京駅を設計した辰野金吾のもとで建築を学んだ後、辰野を支えた塚本靖で、開業当時、日本と日本が統治していた地域の中で、東京駅に次ぐ大きさだった。赤煉瓦の駅舎はＫＴＸの開業を控えた２００３年に新駅舎が完成するまで、首都ソウルの玄関口の役目を果たし続けた。

駅としての役割を終えた旧ソウル駅舎は、所有権が文化財庁に移転して博物館となったが、17年以降、一部が再び京義線の駅舎として使われている。

新幹線ではなくＴＧＶが選ばれたワケ

韓国政府は55年、統治時代の27年に日本で製造され、朝鮮総督府鉄道局が組み立てた車両を改造して大統領専用車両に仕立て上げた。利用したのは李承晩（初代～第3代）から朴正熙（第5代～9代）までで、朴正熙政権下の69年、大統領専用車両が新造される。

新しい車両はディーゼル車で１８９６年創業の日本車輛製造が請け負った。１９８５年には韓国の大宇重工業が専用車を製造したが、韓国製車両には警護を担うＳＰが乗車し、大統領は日本車輛製を利用。日韓２社による車両編成は２００１年まで続いた。

韓国の鉄道車両は、当初は日本製車両そのものを輸入することで始まったが、その後、日本から輸入した車両を韓国で組み立てる方式で製造が進んだ。日韓国交回復後の66年頃から近畿車輛などが製造した気動車やディーゼル機関車などを輸入して韓国で組み立てる方式で製造を開始し、69年頃から国内製に順次、切り替えていった。

74年に開通したソウル地下鉄1号線も、まずは日本から完成車を輸入し、77年頃から国産車両の導入を開始している。80年代に入ると、韓国政府は首都ソウルと釜山を結ぶ高速鉄道の建設を計画した。日本の技術支援で建設すると考えられていたものの、計画が具体的に動き出した89年頃から慰安婦問題が浮上、日本への協力依頼は白紙化され、ドイツとフランスが取って代わるべく名乗りをあげた。

日本は300系、ドイツはICE－2型をベースとする車両を提案、フランスはTGVレゾーを提案した。韓国が打診したライセンス生産を日本は拒絶し、ドイツも難色を示したが、フランスは一定範囲で許容した。

韓国は時速300キロを要望した。日本の新幹線の営業運転時の最高速度は時速270キロ、ICE－2型は280キロで、いずれも新設計が必要だった。ある程度の製造・販売を行う前にライセンス生産がはじまると期待収益を得られない可能性があり、また、技術漏洩の懸念もあった。

一方、ＴＧＶレゾーの運転最高速度は時速３００キロで新設計は最小限に限られるうえ、当時、フランスのアルストム社はＴＧＶレゾーに続く第3世代車両の開発を進めていた。アルストム社はＫＴＸの初編成を98年に納入したが、ベースとなったＴＧＶレゾーは、96年に本国での生産を終了している。開発費を回収し、期待収益を取得し終えた技術を売るだけで良かったのだ。

ＴＧＶが内定したからといって安心はできない。93年9月、当時のミッテラン仏大統領は韓国を訪問。外奎章閣図書《がいけいしょうかく》の一つである「徽慶園園所都監儀軌《きけいえんえんしょとかんぎき》」を持参していた。李氏朝鮮の王立図書館が「奎章閣」で、その別館が外奎章閣に当たる。

外奎章閣図書は１８６６年に仁川の江華島に上陸したフランス軍が持ち去ったもので、韓国にとっては国宝級の図書である。韓国メディアは、ミッテラン大統領が金泳三大統領との首脳会談で、韓国がＴＧＶを選択したら外奎章閣図書を返還すると提案したと報じていた。

当時、英国のチャールズ皇太子とダイアナ妃が訪問した国々が立て続けにロールスロイス製の航空機エンジンを購入するなど、皇太子夫妻は英国最高のセールスマンと呼ばれていた。確かに、日本も相応の人物が訪問していれば高速鉄道を受注できたかもしれない。

とはいえ、トラブルが起きるたびに責任を云々されることも想定され、その意味では受注しなかったことは正解だったかもしれない。実は、KTXの開業前後にトラブルが頻発し、鉄道公社は日本に技術協力を求めたのだが、そもそも日本の技術によるものではないという理由で断っている。

トラブルは主に振動と騒音だった。フランスは平野が多く、地盤が比較的固いが、韓国は山岳が多く、地盤の緩い地域が少なくない。また、初期のTGVはトンネルの高速走行を考慮していなかった。高速でトンネルを走行するとガラスや車体に亀裂が入るし、気圧差からくる高周波ノイズやトンネルドンと呼ばれる衝撃波もある。日本の新幹線は試験走行を繰り返しながら、徐々に速度を上げてきたが、いきなり高速運転を開始したKTXはトラブルが多発した。

話を戻すと、フランスが外奎章閣図書を韓国に返還したのはKTXの開業から10年以上経った2011年4月だった。ミッテラン仏大統領が持参した「徽慶園園所都監儀軌」はフランスが所有権を維持したまま永久貸与する方式で、他の図書もフランスが所有したまま韓国に貸し出す方式が採られた。実質的には返還だが、所有権はフランスにあることに変わりはない。

東京都に泣きついたソウル市が提供できた技術レベルとは

地下鉄にも少し触れておこう。14年5月、ソウルの地下鉄で大規模な追突事故が発生し、当局は自動列車停止装置（ＡＴＳ）に原因があったと発表した。これは、韓国が日本から導入した設備である。実は、この地下鉄事故の2週間前、大型旅客船セウォル号が沈没して多大な犠牲者が出たばかりだった。セウォル号は4月16日、仁川港から済州島に向かう途中で沈没し、修学旅行生２５０人を含む２９５人が死亡、９人が行方不明となった韓国史上最大の海難事故である。

ソウル市はこの大惨事を受けて地下鉄の特別点検を実施し、信号システムのデータを修正していた。しかし、その際に関連データも一緒に変わってしまい、エラーが生じたと結論づけた。あり得ないミスだ。事故当時、駅に進入する前に設置された2つの信号機が誤った信号を表示したためＡＴＳが作動せず、停車していた列車に後続列車が追突した。前の列車の連結器が破損し、後続列車が脱線して２３８人が重軽傷を負ったのだ。

事故当時、アナウンスや避難誘導はなく、約１０００名の乗客がドアを開けて避難している状況で、さらに甚大な事故が発生する恐れがあった。ATSは韓国の鉄道当局が69年から順次、日本から導入し、事故が起きたソウル地下鉄2号線のほか、地下鉄1号線と多くの鉄道公社線で使われている。早い段階で日本に相談していれば避けられた事故だったかもしれない。

ちょうど同じ頃、道路の陥没事故も多発していた。ソウル近郊の京畿道で歩道が陥没し、歩いていた30代の女性が転落。ソウル市内のバス停でバスから降りた乗客2名が突然できた穴に落下。陥没による深さ約1メートルの穴に走行中の乗用車が落ち込むなど、関連の交通事故が10年間で2000件以上発生した。異常事態である。

ソウル市は市販の地中レーダーなどを使って自前で調査を始めたものの一向に進捗せず、道路の地下空洞調査で高い技術を持つ日本の企業に協力を依頼した。同社はわずか4日間の調査で未発見の地下空洞を41か所発見し、そのうち18か所は地表から30センチ以内にある崩落リスクが高い空洞だった。

日本企業の技術を目の当たりにしたソウル市は東京都に泣きついた。ただ、ものすごくメンツを大事にする国である。自分たちからも東京都に提供する技術を一応は用意し、15年、東京都と合意書を締結するに至った。東京都が地下空洞の原因把握や調査方法、対応マニュアル、応急処置、復旧技術を提供する一方、ソウル市はＩＴ技術を活用した道路陥没情報をリアルタイムで伝達する技術を供与することになったのだ。

ソウル市のＩＴ技術は、タクシー運転手がボランティアで車載端末を通じて道路の陥没を報告し、ＧＰＳで情報を集約する仕組みである。発生後に情報を集めるもので未然に防ぐ効果はなく、泣きつかれた東京都が提供した内容のレベルとは比べるべくもなかった。

見た目ばかりに執着してきた国の限界を象徴する「ロッテタワー」

09年、仁川国際空港がある永宗島と仁川市の松島《ソンド》国際都市とを結ぶ韓国最長の仁川大橋が完成した。その際には、「韓国の建設業界の底力を世界に示した快挙」と自画自賛の声であふれかえったわけだが、実際のところこの橋は日本の技術に負うところが大きかった。

松島国際都市は、仁川市が北東アジアの国際ビジネスハブを目指して03年から開発を進めていた経済自由区域だ。05年に着工されたのが、国際都市と韓国の空の玄関口・仁川空港を結ぶ仁川大橋の建設だった。

仁川大橋は総延長21・38キロメートル、海上区間12・34キロメートル、橋をケーブルで支える2本の主塔は高さ238・5メートルになる。1978年の完成当時、アジアで最も高かった池袋のサンシャイン60とほぼ同じ高さだ。橋は大型船舶が安全に通れるようにするため、主塔間の距離は800メートルで、震度7の地震と秒速72メートルの強風にも耐えられる。

仁川大橋は民間投資事業として計画され、英国系多国籍企業のエイメック（AMEC）と仁川市、投資家などが設立したJVが施工した。

風、波、自動車の通行量、地震など橋にかかるさまざまな力を分析し、構造設計を行わなければならない。工事を請け負った建設会社は韓国の7社だったが、設計から施工まで、重要技術のほとんどを日本が担った。例えば設計は、世界で20以上の大型橋梁を設計した経験がある日本の「長大」が担当した。68年の設立で、日本を代表する交通・土木・都市基盤整備等の総合建設コンサルタントである。

仁川大橋は主塔から延びるケーブルが橋を支える斜張橋で、ケーブルは現在の日本製鉄が製造し、フランスのフレシネが設置した。韓国の土木設計の専門家は「長大の技術者は仁川大橋だけでなく永宗大橋の構造設計も担当した。技術者個人の経験と技術は、韓国の橋梁設計業者が束になってもかなわない」と明かしている。

その永宗大橋は仁川空港と首都圏を結ぶ道路鉄道併用橋として計画され、2000年に竣工した長さ4420メートルの橋を指す。上段は高速道で、下段は道路と空港鉄道が通っており、仁川空港を利用して韓国を訪問する人々の多くが利用している。韓国の空の玄関口、仁川空港と首都圏を結ぶ2つの橋はいずれも、日本企業「長大」の技術なしには日の目を見なかったことだろう。

同じく国を代表する設計だという触れ込みでありながら、その実、外資頼みの例では、ソウル市内の「蚕室ロッテワールドタワー」が真っ先に挙げられるかもしれない。

地上123階、高さ555メートル、世界6位の高層ビルで、「韓国の建築技術の集大成」と謳ったまでは良かったが、基礎設計は英アルップが担当、コンクリートと鉄骨を組み上げる建物設計は米KPFとレラ、風速80メートルの強風に耐えるための風洞設計はカナダのRWDI、ガラス壁を取り付ける外壁工事は日本のリクシルと米CDCが請け負った。

韓国建設業界の関係者は、「コンクリートと鉄筋を我々の手で組み上げただけで、韓国の建設会社が海外に建てたと言っている数多くの高層ビルも実情は同じだ」と明かしている。独自の技術はなく、見た目ばかりに執着してきた国の限界を象徴するタワーとも言えるだろう。

「日本を模倣」の方が「日帝残滓の排除」より強まった理由

日本の地方都市に「銀座」の別称を持つ繁華街があるのと同様、韓国にも春川《チュンチョン》や大邱《テグ》などの地方都市に「明洞《ミョンドン》」の別名を持つ通りがある。

韓国屈指の繁華街・明洞は20世紀初め、韓国に居住した日本人の商店街として誕生した。朝鮮時代は明禮坊《ミョンレバン》と呼ばれ、1914年に明治町に改称された後、明禮坊の明と明治町の「明」に日本の町名や字に相当する「洞」をつけて、明洞と名付けられた。

統治時代に日本人が商店街を形成した明治町は明洞、隣接する本町は忠武路《チュンムロ》、北側の黄金町は乙支路《ウルチロ》となり、繁華街を形成するが、統治時代の日本人町が起源である。

朝鮮時代の首都・漢城（後の京城、現・ソウル）は清渓川を境に北村と南村に分かれていた。北村は上位階級の居住地で、南村は武官や下層貴族の居住地だった。朝鮮王朝はいわゆる賤民の首都居住を制限しており、城壁内には庶民が住む場所はなかった。

朝鮮が開国した1870年代から外国人の居住が始まり、85年、朝鮮王朝は現在の忠武路にあたる南山の北麓を日本人居留地に指定した。朝鮮政府が北村に外国文化が浸透することを好まなかったため、西欧諸国や中国、日本の公館は清渓川以南や西の方に配置された。

95年、日本が日清戦争に勝利すると漢城に住む日本人が急増したものの、南村には十分な商業圏が形成されていなかった。日本人商人は北村への進出を求めたが、朝鮮商人の抵抗と清国商人の圧迫を受けたため、日本領事館と日本居留民総代役場、商業会議所などを居住地の端に新築した。

日韓併合から5年後の1915年の京城府の日本人の人口は6万3000人弱で、首都人口24万1000人の26％を占めていた。25年に統治政府が行った国勢調査による南村の日本人居住者は全体の52・7％を占める4万3000人余となっている。当時、首都・京城だけで10万5000余の日本人が居住していたという。現在、在韓日本大使館に在留届を提出している日本人は約4万人で、届けを出していない人を合わせて、4万～5万人の日本人が韓国に居住しているとみられることと比較しても、当時の日本人在住者数は著しく多かった。

日本人の居住区は、西は現在のソウル駅から東は新羅ホテルの近くまで、南山麓に沿って広がった。統治時代になっても、大韓帝国政府と結んだ居留地の約定を逸脱することはなかった。むしろ、北村と比べて開発が遅れていたことから、新しい商業地を開発する余地があったのだろう。

1914年10月、総督府鉄道は明洞の一角に朝鮮ホテルを開業した。その後、半島の迎賓館の役割を担うことになる同ホテルは、日本人が仁川に建てた大仏ホテル（1888年）とソウル貞洞にあるロシア系のソンタクホテル（1902年）に続く、半島で3番目の洋風ホテルだ。日本に住んでいたドイツ人建築家のゲオルク・デ・ラランデが設計し、清水組が建築を請け負い、戦後はここに米軍の司令部が置かれた。61年に韓国政府に返還された後、82年にサムスングループが払い下げを受けた。現在のウェスティン朝鮮ホテルである。

その一方、38年には野口遵《したがう》が半島ホテルを開業している。野口は慶尚南道興南チッソ肥料工場と鴨緑江水豊ダムを建設・運営した実業家で、作業服姿で朝鮮ホテルに入ろうとしたところ、門前払いを受けたことから隣に半島ホテルを建てたという逸話が残っている。半島ホテルも米軍が収用し、国際観光公社の所有となった後、74年にロッテ創業者の重光武雄がその敷地にロッテホテルを新築することになる。

ロッテ繋がりでいうと、21年、三重県津市の洋服店「丁子屋」が丁子屋百貨店をオープンさせた。これは現在、ファッション・トレンドの発信地であるロッテヤングプラザとなっている。

さらに百貨店で言うなら、三越百貨店は16年に京城出張所を開設した後、30年に延べ床面積2300坪の店舗を構えた。現在の新世界百貨店本店だ。26年には平田百貨店、29年には三中井百貨店京城本店が開業。平田百貨店は戦後の46年に焼失。現在はオフィスビルが建てられ、三中井百貨店の跡地には、服飾百貨店の明洞ミリオレが建っている。20年代、韓国5大百貨店のうち、明洞地区に開業した4軒は日本の百貨店だった。

現在の明洞を形成する明治町と本町の商店の90%が日本人の経営で、日本人や上流から中流の韓国人、また京城に暮らす外国人で賑わった。当時、女学校に通っていたというある韓国人は、学校で日本語を学び、明洞で買い物をしたのが楽しい思い出と話していた。45年8月、日本人が撤退すると新生・韓国政府が明洞地区の商店街を接収。朝鮮戦争後の56年から明洞地区の再開発に着手したが、70年代から再び日本資本による街づくりが再開することになる。

韓国政府はソウル五輪に向けて、ソウルを訪れる外国人にグローバルスタンダードのサービスを提供するため、海外の韓国系企業や資産家に支援を求め、在日韓国人企業等が中心となってこれに呼応した。71年には、在日韓国人資本によるソウルロイヤルホテルが開業し、79年には日本企業がサムスングループの新羅ホテルに出資、半島ホテルの跡地にロッテホテルが、明洞ではないが78年には南山南麓に日韓合弁のハイアットリージェンシー・ソウルがオープンしている。現在のグランドハイアットソウルである。

日韓国交が回復した60年代以降、日本を模倣してきた韓国だが、10年から45年の統治時代に日本が持ち込んだ「日帝残滓」を排除しようという声は「何度も上がっては放置」が繰り返されてきた。その主なものが建物と日本語、特に漢字だった。

大学生が靖国神社を「ヤスクニ紳士」と勘違いした例も

言語については、韓国人に人気があるおでん、チャンポン、うどんは統治時代の日本語に由来する。韓国語のおでんは練り物全般を指し、チャンポンは韓国式中華料理の定番メニューで、うどんは日本と同じものを指す。

韓国政府の成立は48年8月15日。直後の10月9日、政府はハングル専用法を制定し、ハングル表記に括弧で漢字を添える併記を許容した。その後、70年に当時の朴正熙大統領が漢字廃止を宣言し、漢字教育は中学校と高校の漢文のみとなった。受験に影響がなかったことから漢字学習者は少なくなり、80年代には新聞や雑誌も漢字を使わなくなった。小学校での漢字教育は一切禁止され、教えた教師は懲戒免職など重い処分を受ける徹底ぶりだった。韓国は１０００年以上にわたって中国の影響下にあり、近代化は日本の統治下で進められたことから、日中に由来する漢字語はとても多く、さまざまな分野に及んでいる。哲学、芸術、文学、心理、科学など、統治時代に伝わった日本語を代替する韓国語はない。

学術用語は漢字語が多く、漢字を見れば一目瞭然だが、ハングルは丸暗記するしかない。ハングルは表音文字で、すべてをひらがなで表記するのに似ている。つまり、同音異義語がとても多く、たとえば、全力、電力、前歴、戦力、戦歴のハングル表記はすべて同じで、間違いが起こりがちだ。ファッションの街として知られるソウル江南の新沙と紳士、神社はいずれも「シンサ」で、大学生が靖国神社をヤスクニ紳士と勘違いした例もある。

70年以降に学校で学んだ世代は、自分や家族の名を漢字で書くことができない人が少なくないし、他人の漢字名となると読めない人がとても多い。結婚式や正式なレセプシヨンは、芳名帳や祝儀袋など自分の名前を漢字で書く例が一般的だが、漢字を知らない世代は読むことができず、名前で呼びかけることもできない。芳名帳をスマホで撮ってSNSやメールで送ると読み方を返信してくれるサービスが登場したほどだ。

大学生の学力低下が社会問題として浮上し、朴槿恵《パククネ》政権は漢字教育の復活を決めた。基本漢字300字を道徳・社会・数学・科学など、国語を除く小学5年生と6年生の教科書で併記することにしたのだが、文在寅政権は、日帝残滓を排除するという名目で、この漢字教育の復活を白紙化した。日本人と中国人、台湾人は、筆談やスマホに漢字を打ち込んである程度、コミュニケーションギャップを埋めることができるが、漢字語を使う国のなかで、韓国人だけが理解できないという場面が散見される。

漢字は5世紀までに中国や百済から日本に伝来したとされ、平安時代までにひらがなとカタカナが派生した。鎌倉時代から江戸時代まで、武家政権は漢字・ひらがな交じり文を事実上の公用語として使い、カタカナは漢文の注釈や読みなど、漢文の誤読を防ぐ符号として使われた。明治政府は漢字・カタカナ交じり文を基本とし、韓国が日帝と呼ぶ戦前・戦中時代の公文書等は旧字体漢字とカタカナで表記され、戦後、文部省（当時）は、新字体の当用漢字を作って、当用漢字表にない文字はひらがなを原則とした。

現代の日本人は漢字・カタカナ交じり文を苦手とする人が多いが、鎌倉時代以降に書かれた文献は原文を読んで理解できるので、正しい歴史を知ることができる。一方、韓国は朝鮮時代の歴史書は漢字で、日本の統治時代は漢字とハングルを併用していた。韓国の反日団体は「歴史を忘れた民族に未来はない」というフレーズを好んで使うが、漢字を読めない韓国人は、歴史を原文で読むことができないのだ。

明治時代、米国や西欧との交流がはじまった日本は、欧米からもたらされた文化を表す新しい日本語を次々と生み出して、韓国や中国にも輸出した。たとえば、中華人民共和国の「人民」と「共和国」は、英語のピープル（People）とリパブリック（Republic）の訳語として日本人が作った和製漢字語で、「朝鮮民主主義人民共和国」や金正恩の「朝鮮労働党」も「朝鮮」以外は日本語だ。英語のアドバタイジングやプロパガンダを意味する日本語や中国語はなく、福澤諭吉は、広く伝えるアドバタイジングを「広告」、知っている人に深く浸透させるプロパガンダは「宣伝」という訳語を作って、韓国や中国にも伝わった。

韓国では「宣伝」はほとんど目にしないが、「広告」は広く使われている。

鉄道用語は日本語のオンパレードだ。韓国の鉄道は、渋沢栄一が仁川と漢城を結ぶ路線を敷いたのが最初で、汽車、改札、入口、出口、乗換、手荷物、受取、取扱、取消、割引、特急、急行等々、日本製漢字の韓国語読みが並んでいる。さらに、日常的に使われる個人、義務、鉛筆、電話、飛行機、新聞、環境、化学、科学、写真なども日本製漢字の韓国語読みである。韓国語には漢字語と固有語があるが、70％近くが漢字語で、さらに韓国の漢字語のおよそ80％が日本製漢字語といわれており、韓国語のおよそ半分が日本語に由来する計算だ。

筆者の事務所は第1章で触れたソウル中区の乙支路の印刷団地にあるが、印刷用語も90％近くが日本語だ。ハリコミ、トンボ、本の背《セ》、シオリなど日本語をそのまま使っている。また、印刷業界は荷物を運ぶ台車をクルマとよび、事務所などの一角の間借りをモチコミと呼んでいる。

ちなみに、適当な韓国語がなかった「オタク」や「イジメ」などの日本語はそのまま使われるようになり、日本好きが始めた「コスプレ」も日本語でそう呼ばれている。また「超〜」「カワイイ」などを日本語と同じ用法で使っているという例もこれまで報じられている。

国を代表する紙幣とパスポートにも日本の技術が使われている
軍隊についても触れておきたい。依存というわけではないのだが、韓国軍は自衛隊を「基準」にしているのは間違いない。

自衛隊が早期警戒管制機（ＡＷＡＣＳ）を導入すると韓国軍も追随した。イージス艦も同じである。日本のイージス艦は21年現在、８隻が就航している。一方、韓国は６隻体制を目指し、現在３隻が就航している。海自のイージス艦が監視する領海を含めた排他的経済水域（ＥＥＺ）は４４７万９３８８平方メートルで世界６位の面積だが、韓国は47万５４６９平方メートル。韓国海軍が導入計画を立てた時の日本のイージス艦は６隻で、日本の10分の１の海域を監視するため、海自と同等規模の体制を目指したことになる。北朝鮮と対峙しているとはいえ、過剰という他ない。

一方、韓国空軍は19年に次世代戦闘機Ｆ－35を40機導入した。当初の予定は20機だったが、軽空母から離着陸できる垂直離着陸型のＦ－35Ｂ機を追加している。韓国空軍がＦ－35Ｂの追加導入を決める前、海上自衛隊はヘリコプター搭載護衛艦「いずも」に短距離離陸と垂直着陸が可能なＦ－35Ｂを搭載するための改修を決定していた。

韓国海軍はというと、30年を目処に軽空母の建造を完了する計画だが、その設計にあたってはF－35Bの詳細情報が必要になる。しかし、F－35を製造するロッキード・マーチン社は契約前には情報を出さない方針のため、海上自衛隊の動きを意識するあまり、軽空母の設計に着手する前にF－35Bを導入する必要に迫られた。他方、韓国空軍はすでにF－35の引き渡しを受けて運用を始めており、メンテナンスが課題となっている。日常点検なら自国でできるが、一定の飛行時間が経過した後の大規模なメンテナンスやエンジンのオーバーホールは国際整備拠点「MRO&U」に持ち込まなければならない。

韓国の空軍基地に最も近い国際整備拠点は、韓国が戦犯企業の筆頭に掲げている三菱重工業のF－35最終組み立て・検査施設「FACO」（愛知県）にある。アジア太平洋では米国と日本、韓国、豪州がF－35を運用し、豪州は自国内の整備拠点を利用、自衛隊と在日米軍、在韓米軍は三菱に委託する。韓国が三菱で整備できない場合は、豪州か米国に持ち込むことになる。韓国の空軍基地から豪州の整備拠点があるウィリアムズタウンは片道約8500キロメートル、往復約1万7000キロメートルで、米軍基地等を経由しながら最低3日、往復6日が移動だけで必要だ。米国のフォートワースなら、韓国の空軍基地から片道1万キロメートルを超えている。

最後に、国を代表する紙幣とパスポートについて見ておこう。

19年夏から拡散した日本製品不買運動で、反日団体が日本ブランドだけでなく、日本製品や機械を使用して作られた韓国製品も使用すべきでないと主張し始めた時、パスポートと紙幣に日本製品が使われていることが報じられた。パスポートは表紙に個人情報などを暗号化したＩＣチップや通信アンテナが埋め込まれている。むろんセキュリティーに欠かせない部品だ。パスポートを印刷している韓国造幣公社は数回にわたって韓国製品をテストしたが、基準を満たさないため、日本製（非公表）を使用しているという。

他方、国際基準に合わせる必要があるパスポートと違って、紙幣は国内使用が基本であるから、韓国製が優先されそうなものだが、偽造防止のホログラムは日本企業から購入されている。

韓国の紙幣は日本と関係が極めて深く、その歴史をざっと振り返っておくと、最初の紙幣は１９０２年に発行された日本の第一銀行券だった。第一銀行の前身・第一国立銀行は１８７３年に渋沢栄一が作った日本最古の銀行である。02年、第一銀行は１ウォン券、５ウォン券、10ウォン券の３種類を発行した。日本円との交換が可能で、事実上の公用紙幣となった。紙幣には渋沢栄一の肖像が描かれていた。

第一銀行は大韓帝国の事実上の中央銀行の役割を果たすようになったが、10年に日本が韓国を併合すると、新たに設立された朝鮮銀行が発行する紙幣が朝鮮半島の公用紙幣になった。日韓併合に合わせて、日本円を流通させる案もあったが、朝鮮経済の不安定さが日本に影響を及ぼす恐れから、半島独自の紙幣が発行されるに至った。この朝鮮銀行券は、アメリカに接収された南側では韓国の新たな中央銀行が設立されるまで使用されたようだ。

1950年6月、大韓民国の中央銀行として韓国銀行が発足し、同年、新たな1000ウォン札と100ウォン札が登場。印刷したのは日本の大蔵省印刷局である。韓国銀行は53年から国内での印刷を再開、米国で印刷した紙幣も登場したが、62年以降、完全に国内製となった。

2006年から07年にかけて、韓国銀行は新しいデザインの1000ウォン、5000ウォン、1万ウォンの紙幣を発行し、最高額紙幣の1万ウォン札に偽造防止のホログラムを付着させた。このホログラムは日本製で、09年から発行を開始した5万ウォン札にも採用されている。韓国銀行と造幣公社は、新デザインの紙幣が発行される前年の05年に国際入札を行なっていた。計画したホログラムを製造できる会社は日本とスイスで、日本企業の方が安い価格を提示したとされる。ホログラムは見る角度によって、太極模様、額面の数字、地図の３種類の絵が浮かび上がる。地図には北朝鮮を含む半島と済州島、鬱陵島、竹島が描かれている。竹島は模様と重なってはっきりと見ることができず、修正に2か月を要したというが、見つけることが難しいほど小さく、紙幣の汚れと区別がつかない。ホログラムを供給している日本企業は苦労したことだろう。いや、日本の技術なら何ら問題ではなかったかもしれない。

第4章　韓国企業・韓国人との付き合い方

過度な上下意識の存在を決して忘れてはいけない

韓国に進出している日本企業は2800社余あり、韓国に赴任、あるいは韓国企業と取引する日本人はもちろん少なくない。

韓国企業や韓国人と付き合う際に忘れてならないのは、過度な上下意識があることだ。初めて会った韓国人は、相手の年齢を聞きたがる。自分と相手のどちらが上かを判断するためで、年長者は「甲」となり、年少者は「乙」とされ、相手の言動に気を配らざるを得ない。第1章で少し触れた通りだ。

その「甲乙《カプチル》問題」は年齢のみならず肩書にも表れ、立場が上のものは甲、立場が弱いものは乙と呼ばれ、甲は必要以上に権限をふるい、乙は唯々諾々としてそれに従うという構図になる。

周知の通り文政権は、朴前政権と安倍内閣との間で確認された慰安婦合意を破棄した。

そのようにトップが変わる時、前任者との約束事が反故《ほご》にされるのは日常茶飯事だ。韓国の大統領がたびたび口にする「日本への謝罪要求」も本質は同じだ。

1990年代、日本の首相は韓国の大統領に会うたびに心からの反省と謝罪を述べたし、あるいはそれを余儀なくされた。反省と謝罪を受け取った大統領が再度それを要求することはなかったものの、大統領が変わると前任者の前で行なった謝罪はなかったことになり、謝罪要求が繰り返されてきた。

その一方で、上下が絶対の韓国ではトップが在任中に関係した約束事については守ろうとする。日韓の社会構造の違いと、韓国企業との付き合い方、赴任者が韓国人部下や上司と付き合う注意点など、筆者が経験した具体的な事例を交えて紹介したい。

上司至上主義に救われ、前任者全否定主義に足をすくわれたコトの顛末

筆者は2009年11月、韓国に進出する酒造会社が韓国拠点を立ち上げるための駐在員として赴任することになった。海外とはまったく無縁の広告業に従事していたが、その半年前、ソウルに旅行し、西大門のコンドミニアムに宿泊したことが転換点となった。

それ以前に何度か訪れていたソウルは観光地ばかりで、市井の人たちが生活している

地域で過ごしたのは初めての経験だった。歩道にはテントを張った屋台がいくつもあり、地下鉄駅の階段でビニールシートを敷いて、さまざまな商品を販売する人たちがいた。そのバイタリティとエネルギーに〝可能性〟を感じたのだった。

帰国後、取引先との商談などの場においてソウルで見た光景を話したところ、ある取引先から「韓国に興味がある」という酒造会社の紹介を受けた。酒造会社の社長は韓国か中国への進出を考えていた。国内の日本酒市場は90年代をピークに右肩下がりで落ち込んでいる。

他方、海外では和食と日本酒の需要が伸びており、日本酒メーカー各社が新たな市場を求めて輸出に取り組んでいた。同社をはじめ、全国の中堅酒造会社10社が共同でアメリカに進出し、現地採用の日本人が日本酒を販売してきたが、進出から10年が経過し、日本からの金銭的支援を必要としなくなったので、次は日本酒市場の成長が著しい韓国か中国に進出したいという話だった。

話が進み、東北の酒造会社が共同で韓国に進出することが決まり、その立ち上げを担う駐在員として筆者が赴任することになったわけだ。

2009年8月、みずほコーポレート銀行を通じ、日系不動産会社に事務所兼倉庫探しを依頼した。韓国の業種分類では酒類輸入卸業となり、現地法人であること、本社が1階または地階に20坪以上の倉庫と事務スペースを有することが最低条件だった。不動産会社から候補が見つかったという連絡が入り、仮契約を行なって、同年10月には法人登記を済ませた。

ここまでは順調だった。登記を依頼した日本の司法書士に相当する法務士は、韓国の会社に関する法律は日本の商法を模倣していると話していた。実際、日本で法人設立に関わったことがある筆者にとって、決して難しいものではなかった。

しかし、次の段階でとんでもない事件が起きた。税務署に事業者登録と酒類免許を申請したところ、審査には約45日かかり、事業者登録証と酒類免許証は同時発給になると言われたのだ。事業者登録は端的にいうと納税者登録で、各種契約や商取引などさまざまな場面でその登録番号が必要になる。銀行の口座を開設する際にも、もちろん必要だ。

酒類免許については、申請書類に本社兼倉庫の賃貸契約書が含まれており、税務署の担当官が実地調査を行なった後、免許証が発給される流れである。事業者登録証がないと銀行口座を開設して資本金を引き出すことができなかったり、本社を正式に契約できなかったりするし、本社を契約できないと、酒類免許どころか事業者登録もできないというスパイラルに陥ってしまったのだ。

そんな折、ある韓国人から税務士（日本で言うところの税理士）を紹介された。税務署を定年で退職して独立開業したばかりだが、我々の本社事務所を管轄する税務署長の上司だった人である。トップが辞めると前例が反故にされることがあると前述したが、そもそも元の約束がないのだから気にすることはない。

免許を取得できたら顧問契約を締結しても良いと提案すると、税務士は早速、元部下の税務署長を訪ねて段取りを済ませてきた。むろん上司至上主義を奉じる韓国で、税務署員にとって署長が約したことは絶対だ。怪しげな裏技で免許を取得できた格好だった。

紆余曲折の末、なんとか事業開始にこぎつけた後に、「まさか」が待っていた。自治体国際化協会（クレア）のソウル事務所の紹介で、新世界百貨店に商品を納入することが内定し、いざ契約書を交わす段階になった。

しかし、その契約直前、新世界の社内異動で部署の責任者が代わってその契約は取り消しになった。責任者が代わると以前の約定がなかったことにされるという現実に直面したのだ。かたや上司至上主義に救われ、こなた前任者全否定主義に足をすくわれ、と往復ビンタのような韓国の洗礼を受けた日々だった。

「甲乙問題」を象徴した財閥姉妹「ナッツ姫と水かけ姫」のパワハラ

韓国は三権分立を謳っているものの、大統領は事実上、行政権、立法権、司法権に軍事権を加えた四権の長として君臨している。組織のトップが絶対権限を持つのは民間も同じで、トップ第一主義が蔓延している。

立場が上である「甲」から指示された仕事だけを行ない、自分からは何もしないとか上司から聞かれるまで「報連相」を行わないという、立場が下の「乙」も少なくない。組織のトップが直接指揮した契約は組織一丸となって履行に努めようとする。もっとも、それは契約相手や会社に対する責任からではない。約束を守らない人というレッテルを貼られることを許さない甲のプライドに、最大限の配慮をしての振る舞いだ。

いささか旧聞に属するが、13年にソウル新聞が行った調査によると、アルバイトの90%以上がパワハラを受けた経験を持っていたという。雇用主によるものが最も多く、客、上司と続いた。ソウル新聞がこのアンケートを「甲乙問題」として取り上げたのは当然だろう。

甲乙は、異常なまでに上下関係を重視する慣習に起因する。財閥など企業オーナーの一族は甲として絶対的な権限を持つ。役員や管理職はオーナー家の前では乙だが、自分より立場が下の社員の前では「甲」となって権限を振りかざす。社長第一主義の韓国ではオーナー家や社長は絶対で逆らうことは許されず、まずは社長の言動に、次に上司の言動に目を配り、細心の注意を払う。

韓国企業や商店で取引先や利用客に横柄な態度を取る姿をよく見かけるのは、社員や店員にとって取引先や客は二の次、三の次だからだ。客を社長や上司から受けた暴言に対する不満の捌《は》け口にすることすら珍しくない。

14年12月に起きた「ナッツ・リターン」事件は甲乙を象徴する例だ。10大財閥の一角を占める韓進グループ。その会長の長女で大韓航空の副社長だった趙顕娥《チョヒョンア》は、米ニューヨークの空港で自社旅客機の客室乗務員のナッツの出し方に腹を立て、滑走路に向かっていた機体を引き返させると共に、客室サービス責任者を降機させた。

大韓航空は当初、機内サービスの責任を担う副社長の指摘を受け、権限を持つ機長が判断したと発表していた。航空法上、乗客にすぎない副社長が飛行機を引き返させる権限はないが、オーナー家のわがままには黙って従う方が社員のリスクは小さいという考えからだろう。政府国土交通部の調査担当は大韓航空の出身者で構成され、また大韓航空は国土交通部職員の天下り先だ。

大韓航空の言い訳を鵜呑みにする形式的な調査で終わるはずだったところ、事件がSNSで広がると、世論の声を受けた調査委員会は綿密な調査を余儀なくされた結果、航空保安法上の航空機航路変更などの容疑で、この時すでにナッツ姫と呼ばれるようになっていた財閥令嬢を逮捕・起訴した。

18年には、ナッツ姫の実妹の趙顕旼《チョヒョンミン》がパワハラ事件を起こした。大韓航空の広告担当専務だった趙顕旼は、会議中に自分の質問に対する明確な回答がなかったとして広告代理店の職員に暴言を吐き、水が入ったコップを投げつけた。この「水かけ姫」もSNSで広がり、暴行の疑いで捜査が入った。

自らを「甲」と考え、尊大な態度を取って恥じない財閥オーナー家3代目のパワハラは何も大韓航空に限らない。大手企業等の創業者は苦労して会社を大きくし、2代目は親を見て育ったが、3代目は子供の頃から王族のごとくもてはやされてきた。傍若無人になりやすく、17年1月にはハンファ財閥グループ会長の三男が飲み屋で暴力事件を起こして逮捕された。

甲乙問題は多岐にわたっており、ソウルの地下鉄で、老人が優先席に座っていた妊婦のお腹を殴る事件が起きたことがある。16年のことだ。ソウルの地下鉄は各車両の両端に優先座席が設置されている。そうは言っても、実態は高齢者専用席となっており、そこに妊婦が着席していると立たせたうえで、一見健康そうな高齢者がふんぞり返っている例は珍しくない。自己中心的な高齢者への啓蒙を断念した地下鉄運営側は、優先席から離れた位置に妊婦席を設置することにした。

こうやって列挙していくと、情けなくなるような、諦念に近い感情が交錯する中で、ごく稀に乙が甲に抗えない究極のトップダウンが奏功することがある。サムスンが数少ないその一例だ。

「はじめに」にも登場し、日本通としても知られるサムスン創業者の李秉喆《イビョンチョル》は1938年に食品関連会社を設立し、実業界に打って出た。53年に製糖、54年に毛織物会社を設立し、60年代に入ると新世界百貨店を傘下に加え、食品と衣服を中心に事業を展開。そんな矢先の83年、半導体事業に進出すると宣言したのだ。

70年頃、三洋電機やNECと合弁企業を設立して白物家電やテレビの販売を開始してはいた。とはいえそれは、あくまでも販売でしかない。製糖や繊維を得意としていた役員らは門外漢の半導体事業を始めるという宣言に戸惑ったが、トップに逆らうことはできなかった。

手始めに、日本から半導体の輸入を開始した後、製糖で得た資金を元手に半導体工場の建設に着手した。ノウハウが皆無に近かったので、東芝の半導体事業本部長などを建設中の工場に招待した。歓待には歓待で応えるのが礼儀である。東芝は世界の最先端だった大分工場に彼らを招いた。工場見学の機会を得たサムスンはくまなくコピーするかのように、同等の設備を持つ半導体工場を作り上げたのだった。

東芝やマイクロンなど上位企業が収益性の高い次世代メモリに主軸を移すなか、サムスンは品薄状態が生じていた旧世代メモリに注力し、93年にはＤＲＡＭ市場で東芝を抜いて世界シェア首位に躍り出た。運が良かっただけと言ってしまえば身も蓋もなく、繰り返しになるが、韓国でトップダウンの成功例は本当に稀有だ。

合弁の形態で悲喜こもごも……ダスキンと大阪王将の涙のワケ

ここからは韓国への進出について触れておきたい。韓国で事業を行う際の進出形態は、法律的には現地法人、支店、連絡事務所という名の出張所、があげられる。大事なのは単独か合弁か代理店か、つまりは日本側がどこまで関与できるかだ。韓国に限ったことではないとはいえ、ともあれそれぞれについて見て行くことにしよう。

韓国では出資制限がなく、100％子会社の設立が可能である。パートナー企業の人材や資産、販路などを活用できる合弁と違って、スタートアップに時間がかかるものの、独資（日本企業が100％出資）や支店展開はパートナー企業等に遠慮することなく、事業を展開しやすいメリットがある。

続いて、合弁については2つに分けられる。1つは、韓国企業に部品等を供給する合弁で、BtoBに多い。直接の取引先は韓国企業で、エンドユーザーに提供する商品やサービスは韓国ブランドになる。日本側は助言やアドバイスを行うが、最終的な意思決定は韓国側が行うことが多い。

サムスンやLG、現代など韓国グローバル企業との合弁で、日本側が50％以上を出資する例が多々あるが、実は税金対策が目的で韓国側が主導権を握っている。どういうことなのか。韓国には外国人投資地域と呼ばれる企業団地がいくつかあり、この地域に一定額以上の投資をして工場を建設するなどの要件を満たすと税制等の優遇を受けられる制度がある。業種や投資額など優遇を受けられる要件は団地ごとに異なるが、海外企業の出資割合が50％を超えていることが基本となっていることが多い。そこで、サムスンやLG、SKハイニックスといった財閥企業やサプライヤーが日本企業と合弁工場を作る際、日本側の出資を50％以上に設定することになるのだ。

合弁のもう1つの形態について話を戻すと、日本ブランドの製品やサービスを製造し、あるいは販売する企業で、BtoCに多い。この場合、相手から「韓国は日本と違う」「韓国人・韓国企業が対象者だから日本の手法は通用しない」と言われることが少なくない。日本ブランドなら意思決定は日本側が行って、韓国側の助言やアドバイスは参考程度にとどめるべきだろう。消費者の評価はブランドを見て下されるからだ。

日本側が60％から80％を出資するマジョリティ合弁は、韓国側の販売ルートや人材などを活用できる期待がある。ただ、収益の大半が日本側に帰属するため、合弁相手のメリットが小さく、安定企業はあまり好まない。経営課題を抱えている相手と組んでしまうリスクや韓国側が窓際の役員を派遣してくるリスクも潜む。相手先企業に関する調査はもちろんのこと、スタートアップ時に役立つメリットを享受したら買収して独資とすることを視野に入れるなど、したたかさがあっても良いだろう。

実際に合弁の中では、対等合弁の割合はかなり高い。当然、権限が曖昧になる危険をはらんでおり、権限の範囲を明確に分けてしまうと相手側に口を出しづらくなるというデメリットを生むこともある。

ダスキンは韓国コンビニ大手のGS25と合弁でミスタードーナツ事業を展開していた。ダスキンが商品を供給し、コンビニ側が店舗を運営する取り決めだったところ、接客に問題があり、消費者の取り込みが思うように進まなかった。

12年にソウルの先進エリア・江南に1号店をオープンして注目を浴びた大阪王将も、同じく対等合併のケースだ。大阪王将の親会社イートアンドホールディングスは海外事業を強化する進出の足掛かりとして、韓国企業と50％ずつ出資して合弁企業を設立して進出を図った。しかし、合弁相手は経営状態が悪く、日本側からの出資に起死回生への望みを託したほど切羽詰まった状態だったという。パートナー選びを誤った事例であり、1号店は跡形もない。

一方、日本側が10％から40％を出資する〝マイノリティ合弁〟は、日本ブランドの製造や販売を目的とするケースで見られる形態だ。韓国側は販売収益の大半が帰属することから積極的な事業活動を展開する。事業資金や人材から販売などを合弁相手に委ねるため、事業の成否は相手次第となる。大きく伸びている合弁企業が多い反面、資金力がない企業と合弁を設立して伸び悩んでいる会社もある。

技術提携に関しては出資リスクを抑えることができる反面、一方的に解消された例もある。他へ流用されることもあり、核心技術を供与することがないようにしたいのは百も承知だろうが、実際に型にはめられたような例が過去にある。さる中堅食品メーカーが、韓国大手食品メーカーと業務提携を結んで技術を供与したことがあった。だがその後、ひと通り技術を得た韓国企業から一方的に提携を解消されたという。

もちろん、核心技術を提供しなかった例もある。

サムスンは06年、レンズ交換式デジタルカメラ市場に進出するため、ペンタックスと業務提携を行った。当時、ペンタックスは経営が悪化しており、HOYAとの合併話が進んでいた。サムスンは、電子技術は開発できるが光学技術のノウハウはなく、一方、ペンタックスが求めたのは開発資金であり、サムスンから得るべき技術はなかった。

ペンタックスはまず、デジタル一眼レフをサムスンにOEMで供与した。続いてサムスン製センサーを搭載した一眼レフを製造し、カメラとレンズをサムスンにOEMで提供した。業務提携はペンタックスがHOYAに買収された後も続いたが、11年、リコーがペンタックスカメラの事業を買収すると、両者の提携は事実上、消滅した。

ペンタックスとの提携が消滅したサムスンは11年、ミラーレスカメラ市場に参入し、世界カメラ市場で10%のシェアを得るまで伸張して、キヤノン、ニコンに続く3位の座をソニーと争ったものの、16年、カメラ事業から撤退すると発表した。

サムスンは、一眼レフはペンタックスからOEM供給を受けたため、レンズやアクセサリーなどの売れ筋はペンタックス製自社ブランドとし、需要が少ないレンズやアクセサリーはペンタックス製品に誘導できたが、ミラーレスは他社製品との互換性はなく、サムスンがすべてをラインナップする必要があった。また、メーカー各社はセンサーサイズが大きく、収益性が高いフルサイズにシフトしたが、ペンタックスから核心技術を得られなかったサムスンにノウハウを得る手段はなく、短期間で撤退に追い込まれたのだ。

レシピ漏洩の危機! CoCo壱番屋がぶつかった2つの壁

ハウス食品とCoCo壱番屋は韓国食品大手の農心と合弁で韓国CoCo壱番屋を展開するため韓国カレーハウス社を立ち上げた。そしてその際に、2つの壁にぶつかった。カレーと言えば、昭和の甘くて黄色い給食風のカレーをイメージする韓国で、日本式カレーが受け入れられるのか、そして、レシピの漏洩をどうやって防ぐのかという問題だ。

少し話は逸れるが、この黄色いカレー自体も統治時代に日本から伝わったメニューである。19世紀の英国でインド料理が人気となり、横須賀港に停泊した英海軍のカレーを模した料理を当時の日本海軍が導入。海軍を退役した人がカレー店をオープンして、日本各地に広がった。

話を戻すと、合弁企業の中でハウス食品は、かつて農心に即席麵の技術を提供したことがある。その農心はロッテ・重光武雄の実弟が創業し、かっぱえびせんと瓜二つのセウカンなど、日本製のものを模倣した商品を数多く手がけている食品会社だ。技術漏洩を危惧したハウス食品は、カレールーを日本から輸入し、最終調理を韓国で行うことにした。

そうなると当然ながら、コストが上がって値段を高く設定せざるを得なくなり、給食風カレーとの差別化も必須になる。もっとも訪日旅行などを通じ、日本のカレーを体験する韓国人も現れていたこともあり、韓国カレーハウス社は日本式にこだわることにした。

日本でカレーの付け合わせといえば福神漬であるのに対し、韓国は甘いカレーに食べ放題のキムチを添える。福神漬も日本からの輸入だからコスト増になる。韓国のＣｏＣ o壱番屋がスタートした当初、利用客からキムチはないのかというクレームが続出したが、運営を担ったハウス食品の現地責任者はキムチを出さない方針を貫いた。「ウチのカレーにキムチは合わない」との信念からだ。

いまCoCo壱番屋は韓国内で30店余を展開しており、韓国の日本食事情に詳しい日本人は、韓国人の嗜好に合わせるなら、農心のネームバリューと資金力も相まって短期間で100を遥かに超える出店ができただろうと話す一方、目先の利益を追わず、店舗展開を犠牲にしても漏洩の可能性があるレシピ管理を徹底したハウス食品の方針に賛同していた。

続いてライセンス契約について。これは出資リスクを抑えることができる一方で、ブランドイメージの維持が難しいという点が悩ましい。洋食のグリル満天星はライセンス契約を結んで韓国に進出したことがある。3か月ごとに訪韓してアドバイスを行っていたものの、そのたびに味が変わっていたという。契約期限がやってきた時、更新せずに解消することになった。

ラーメンの一風堂も同じケースだ。11年5月にソウルの江南に華々しく開業し、行列ができる人気店となって翌12年に3店舗まで広げていた中、16年に突如、看板を下ろした。契約終了はライセンス料が負担になったせいだといわれたが、韓国一風堂を運営したＡＫグループは済州航空の親会社で、アシアナ航空の買収にも名乗りをあげた企業である。懐に余裕がないわけがない。

一風堂の本部がある福岡は多くの韓国人が訪れる人気スポットで、韓国の一風堂がオリジナルの味と異なり、それを韓国人が良しとしなかったことが、ライセンス契約終了の大きな原因になったと見られる。日本食が好きな韓国人は、「韓国の一風堂には日本の一風堂の匠の精神や魂が感じられず、店のインテリアが違っていて、味も違うように感じた」と話していた。

日系企業の「現地化」成功のための秘策とは？

そういった背景もあり、ここ数年、現地化を進める日系企業が増えている。

現地化とは経営を現地で採用した韓国人に任せることを意味している。在韓日系企業の代表は通常、日本から派遣され、スタッフは現地の韓国人を採用する。韓国の給与水準は財閥系企業が最も高く、欧米系企業、日系企業、中小企業の順と認識されている。財閥系企業は根強い学閥があり、また社内競争も熾烈である。欧米系には学閥はないが社内競争は熾烈という認識がある。日系企業は財閥系企業や欧米系企業に比べて年俸は低いが、社内競争はほとんどなく、撤退しない限りクビになることはない。安定した職場と認識されている。

韓国の就業に、「38度線」という言葉がある。30代半ばまではより良い条件の転職が可能だが、30代後半以降の転職は難しい。南北国境の38度線を踏まえた表現だ。財閥系や欧米系は30代半ばまでに出世コースに乗らないと居場所がなくなり、退職に追い込まれかねないが、日系企業はコースに乗らなくてもまじめに勤めていれば、クビになることはない。

現地化の話に移ろう。

現地で採用した韓国人に代表を任せるメリットに、言語と長期勤務がある。日本人が赴任すると、言葉の壁が排除できない。当初は日本語ができるスタッフを採用できても、規模がある程度大きくなると、日本語話者だけを採用するわけにはいかない。社員同士の会話は韓国語で、通訳者も当然ながらすべてを通訳するわけではない。

通訳者が取捨選択した会話だけが伝えられるため、日本人代表と社員との間にコミュニケーションギャップが生じ、風通しが悪い組織になる。実際、駐在社長が社員の動きを察知できず、現地社員が結託して勝手気ままに振る舞った結果、業績が悪化し、立て直しを図るため、社員の半数の解雇を余儀なくされた日系企業もある。

一方、現地で採用した韓国人経営者なら、社員とのコミュニケーションギャップを埋めることができる。また、駐在員は一定年数ごとに交代させるが、現地採用の代表者は交代の必要がなく、社員はもとより取引先と長期的に良好な関係を築きやすい。

さらにモチベーションもある。努力次第で役員、さらには社長にもなることができることから、やる気が社員の間に生じるメリットもある。

反面、人選を誤ると日本本社のコントロールが利かなくなるデメリットもある。そこで、現地採用の韓国人を代表に就任させて、日本から補佐する名目で、監視役を派遣する企業もあるが、確執を生みやすい。

筆者が理想と思う現地化は、現地に居住する日本人を採用することだ。役員である必要はなく、課長級など中間管理職でも良い。現地採用の日本人は韓国語ができるので、駐在員と韓国人スタッフ、日本本社と現地化した企業の橋渡し役になる。また駐在員と違って異動、すなわち帰国させる必要がなく、長期勤務が可能である。

日本や日本本社の事情を理解する余地もあるだろうから、経験を積めば代表に就任する韓国人にとっても良きアドバイザーになるだろう。

知的財産権をめぐる死闘：日本の企業vs.韓国の企業——その軍配は？

広告コピーライター兼ディレクターを生業とする筆者はもともと広告プランナーで、これは企画力が生命線の職種である。政府機関や自治体、企業などに販促や広告を提案し、採用された広告を推進する。日本では提案は採用か不採用の二択で、採用された企画が当たると継続して受注できる。しかし、韓国は違っていた。現地で広告制作会社を立ち上げた当初、さまざまな提案を行なったが、なかなか採用されなかった。一方で、提案内容を安く請け負う業者を敢えて探して企画をパクられることが常態化していたのだ。

韓国は自他ともに認めるコピー大国だ。言ってみればパクリ文化なのだが、彼らは敢えて〝ベンチマーク〟と呼ぶ。

先述の通り、セウカンは、韓国ロッテから独立した大手食品会社「農心」が71年から発売している菓子で、製品の形からパッケージまでカルビーの「かっぱえびせん」と瓜二つで、ペペロは江崎グリコの「ポッキー」とソックリで、韓国ロッテ製菓が83年から販売している。

江崎グリコは韓国のヘテ製菓食品と合弁でグリコヘテを設立し、13年から韓国でポッキーの販売を開始した。江崎グリコの駐在員が、韓国ロッテが発売したプレミアペペロのパッケージがポッキーのバトンドールに酷似していることを指摘。結果、江崎グリコは韓国ロッテを提訴して勝訴した。もっとも、ポッキーのことをグリコヘテのペペロと表記している店は少なくない。日本ではステープルをホッチキスと呼ぶことが一般的であるように一商品名であるペペロが、一般名詞のようになっているのだ。

また、オリオンの「チョコソンイ」は明治の「きのこの山」、ヘテ製菓の「カロリーバランス」は大塚製薬の「カロリーメイト」、南陽乳業の「17茶」はアサヒ飲料の「十六茶」、「Market O」は「ロイズ生チョコレート」を、韓国流にいうとそれぞれ〝ベンチマーク〟した商品とみなしてよいだろう。

18年7月、『テコンV』の著作権を有する株式会社ロボットテコンVが玩具類輸入業者を著作権侵害で訴えた裁判で、韓国の裁判所は原告勝訴の判決を下した。訴えは、輸入業者がテコンVをかたどった玩具を著作権者に無断で販売したというものだった。『テコンV』は『マジンガーZ』との類似がたびたび指摘されている国民的キャラクターだ。輸入業者側は、そもそもテコンV自体が日本のマジンガーZやグレートマジンガーを模倣したものであり、「韓国の著作権法で保護される創作物には該当しない」と主張した。

裁判は輸入業者がテコンVの著作権を侵害したかどうかを問うものだったが、結局テコンVとマジンガーZの類似性が争点になった。

裁判所はテコンVとマジンガーZの類似を認めつつも、「マジンガーZは胸の部分にあるV字の中央にスペースがあるが、テコンVはスペースがない」など細かい相違を取り上げて、テコンVがマジンガーZのコピーではないと強調した。テコンVは、「韓国ロボット産業の発展と大衆化に寄与した功労者」として、産業通商資源部からロボット登録証を交付されたほど人気が高い。韓国の裁判所はテコンVをマジンガーZのコピーと認めるわけにはいかないというのが実情ではなかったか。

引き続き、知的財産をめぐる係争案件を見ていこう。

日本で「笑笑」を展開するモンテローザは10年に韓国に進出した折、韓国の居酒屋チェーン「WARAWARA」の商標の取り消し請求を行った。韓国で「WARAWARA」を展開しているF&Dパートナーは、01年に日本式居酒屋事業を開始して、韓国語の「わらわら」と英字の「ＷＡＲＡＷＡＲＡ」を商標登録していたのだ。

モンテローザによる特許審判院への商標差し止めの訴えにＦ＆Ｄは、韓国語で「来なさい」という意の「わら」を並べたと主張したが、特許審判院はモンテローザ勝訴の判断を下した。日本語に関するアンケート調査で、回答者の約33％が日本語を学習した経験があり、さらに平均学習期間が21か月以上に及んだことから「笑笑」と「ＷＡＲＡＷＡＲＡ」が同じ名称と認知できると結論付けたのだ。

しかし、懲りないＦ＆Ｄが裁判所に不服を申し立てた結果、韓国の最高裁である大法院はＦ＆Ｄの商標を認める判決を言い渡した。主たる理由は、商標を出願した時、モンテローザの「笑笑」は認知されていないというものだった。

実は、靴のリーガルも商標訴訟で韓国側に敗れている。リーガル社は17年1月、韓国で「ＲＥＧＡＬ」ブランドの靴を製造販売している金剛製靴を不正競争防止法違反と著作権侵害で訴えたが、ソウル中央地裁はその請求を棄却した。

米国のブラウン社とライセンス契約を締結して日本国内でリーガルブランドの革靴を生産していた日本製靴は、90年に商標権を取得し、社名をリーガルコーポレーションに変更した。それ以前に一部商品の製造を韓国の金剛製靴に委託してきたところ、金剛製靴は82年に「REGAL」の商標を無断で登録してしまった。金剛製靴はリーガルとの取引が終了した後も、「REGAL」ブランドの製造と販売を続けていたのだった。

そういった例とは対照的に、本家の日本が韓国のパクリにギリギリで勝った例もある。

「ダイソーvs.ダサソー」の闘いだ。

韓国ダイソーの運営は日韓の合弁である「大創アソン産業」が行っている。この会社に「大創産業」（日本のダイソー）は一部出資しているものの経営に関与せず、人的交流もなく、韓国の「アソン産業」が実質的な経営母体だ。92年に設立されたアソン産業は大創産業から見ればサプライヤーのひとつだったが、97年に日本のダイソーを模倣した100円ショップ「アスコイブンプラザ」を開業した後、本家・大創産業の協力を得て店名をダイソーに変えてさらに拡大していった。

本家からのれん分けを受けた大創アソン産業が、12年に生活雑貨店「ダサソー」を商標権侵害で訴えた。ダサソー（DASASO）はハングル表記と英語表記がダイソー（DAISO）と酷似しており、取り扱い品目と販売方式もダイソーを模倣してきたのだ。

この韓国ダイソーがダサソーを訴えた裁判は、一審はダサソー勝訴、二審はダイソーが勝訴、大法院の三審でもダイソーが勝訴して終わった。

もっともここ最近は、日本ブランドの商標権侵害やそれに関する訴訟はほとんどなくなってきている。これには12年に起こった「日本酒商標問題」を機にジェトロ・ソウル事務所が監視体制を構築したことが大きい。

その年の3月、日本酒輸入大手の「日本酒コリア」が同業ライバルに対し、同社が商標権を有する「辛口」や「上撰」など、日本では絶対に登録されることがない日本酒用語の使用差し止めを要求してきた。そこで内容証明郵便を受け取った輸入会社は、業界最大手の「全日本酒類」に泣きついたのだった。

筆者は全日本酒類の社長から協力を依頼され、ジェトロ・ソウルに持ち込んで、全日本酒類が中心となって包囲網を構築し、日本酒コリアや同社と親しい企業を除くすべての日本酒輸入会社がスクラムを組むことになった。ジェトロ・ソウルは日本の本部と協議することになり、ジェトロ本部との協議が終わるまでマスコミに伏せることにしたのだが、どこから話を聞きつけたのか当時の朝日新聞ソウル支局長から筆者に電話があり、その後、ソウル支局発の記事を日本国内で展開した。そして、その報道が拡大すると、日本酒コリアがジェトロ・ソウルに訴えを取り下げると申し入れて決着したのだった。

この事件以降、ジェトロ・ソウルは、韓国で日本に関わる申請が出願されたら日本の商標権者に連絡し、その商標権者が異議を申し立てることにより、不当な商標登録を事前に防ぐシステムを構築した。登録された商標の取り消しには時間とカネがかかるが、登録前の阻止は、それほど難しくはない。

韓国当局もまた違法コピー対策に乗り出した。韓国検察は12年に1兆4282億ウォン（約1000億円）の違法コピーを摘発した。大法院も15年に日本のうさぎのキャラクター「ルシュクル」を模倣したぬいぐるみの販売業者に実刑判決を言い渡している。18年には文化体育観光部は関税庁、著作権保護院と合同でピカチュウなどの違法コピーを摘発。この時押収したコピー品は3億ウォン（約3000万円）に上ったが、文化体育観光部は前年にも5億ウォン相当の違法コピーを摘発した実績がある。

韓国が著作権保護を強化した背景に、中国における韓国ブランドのコピーがある。韓国ベーカリー大手の「パリ・バゲット」が中国に進出した時、すでに商標が登録されていた。かき氷の「ソルビン」も第三者が登録済みだった。韓国のテレビドラマではスポンサーの商品や店舗を大きく映し出すことがままあるが、そのドラマを見た中国人が商標を先回りして登録する例が相次ぎ、16年までに1000件を超える韓国商標が中国の第三者によって登録されていた。

中国のコピーは韓国のお家芸だった「もどき」にも目をつけた。携帯電話の「Samsung Anycall」を模した「Samsong Amycall」やプラスチック容器の「LOCK & LOCK」を模した「LQCK & LQCK」、オリオン製菓の「コレパプ」を模した「パプコレ」などが登場した。コレパプは森永製菓の「おっとっと」の模倣が疑われている商品である。

韓国ブランドのコピーはベトナムでも増えており、日本や欧州をコピーしてきた韓国は逆の立場になってようやく、重い腰をあげたということになる。

重い腰をあげた話の後に相応しくないかも知れないが、彼らには「何でも即決文化」がある。韓国の日本人駐在員らは戸惑う人が多い一方、これを肯定的に見る人も少なくない。石橋を叩いて渡ることはせず、まずは手をつけて、走りながら考える。当然、失敗がとても多く、新規起業者が1年後もサバイブしている率は60%余りで、2年だと50%未満と経済協力開発機構（OECD）加盟国のなかで最も低い水準だ。

何でも即決の弊害として、販売した商品代金の回収など不良債権の処理に頭を抱えている企業は少なくない。裁判を起こして勝訴しても回収できる保証はない。筆者の回収不能数は限りなくゼロに近い、と周りに言うと驚かれるほど不払いが蔓延している。

虎の巻や秘訣のようなものがあれば筆者も知りたいくらいだ。ただ、気を付けている点を記しておこう。多くの韓国人はビジネスの席で、〈ウィン・ウィン〉という言葉を連発する。一緒に儲けようと熱心に提案するものの、その根拠はない。その人が売れると信じているか、売りたいと願っているだけなのだが、少なくともその時点で、韓国人の本心に嘘はない。相手の本心と言葉が同一だと考えて契約したが、期待通りコトは進まず、先方が代金を払えない状況に陥ってしまうことが多々あり、行方をくらます人も少なくない。

そういった〝国民性〟を見越して、韓国の商習慣には先払いがある。不動産賃貸契約時の敷金に相当する保証金も契約期間中に支払う家賃総額の半分以上が一般的だ。どうしてそうなったかというと、家賃を契約時には払うことができても、後々、払えなくなり、また払わなくなることが往々にしてあるからだという。筆者も初取引の際には特に、全額か最低でも半金以上の先払いを原則にしている。

その一方、自身の経験や考えでしかないものを「韓国ではこうだ」と、あたかも大前提のことであるかのように言う韓国人は少なくない。たとえば、飲みニケーションが欠かせないというのはよく言われたし、実際、筆者が駐在員だった頃は、週に4回から5

回は飲みに行っていた。一度、接待の場を設けると、次々と要請されるという悪弊もある。

それでも起業してみると接待はほとんどなく、年に一度か二度くらいだ。取引先の大半が日系企業ということもあるが、飲みニケーションをしなくとも仕事に影響することはほとんどない。韓国では通用することのない日本のビジネス慣習や消費者文化はあるにせよ、細かなことを相談できる人材がいると心強い。

韓国の知的財産権は、誕生した時から日本を模倣してきた

ソウルの南大門市場や東大門市場はファッションアイテムを売る市場として知られるが、〝本物〟を求める韓国人は市場でブランド品を買うことはなく、大手百貨店かブランド直営店に出向いて購入する。市場で販売しているブランドは偽物だと考えているからだ。店もコピー品は外国人にしか販売しない。真偽のほどは定かでないが、コピー業者はブランドが新製品を発売すると、カードで購入して完璧な型を作り、カード決済日の前に返品するという噂がある。実際、精巧な偽物が多く、判断は難しい。

13年と14年に英バーバリーリミテッド社がチェック柄を盗用されたとして韓国企業を

訴え、フランスのロンシャンもデザイン侵害で韓国企業を訴えて勝訴したが、ファッションブランドが訴訟を提起する例は実は多くない。ファッションデザインのコピーや盗用があまりにも多く、裁判は往々にして長期化する。判決が下る頃にはトレンドが変わってしまい勝訴しても実益が小さいからだ。バーバリーとロンシャンの訴訟は、金銭的利益より、むしろ市場に警告を発する意味合いが強い。

先ほど登場したロッテ傘下の農心は、早い段階から日本を〝ベンチマーク〟して、日本製品を模倣してきた。そして、新世界百貨店やEマートを運営する新世界グループもまた、日本のベンチマークに余念がない。サムスンを創業した李秉喆の末娘で、新世界グループの李明熙《イミョンヒ》会長と娘の鄭有慶《チョンユギョン》新世界百貨店総括社長は、一部で「韓国財界トップクラスの日本通の母・娘」といわれている。グループのウェスティン朝鮮ホテルの日本料理店を韓国一にするべく、日本から御眼鏡に適う料理人を招聘したという。14年、ロッテホテルが在韓日本大使館主催の自衛隊創設60周年記念レセプションを一方的にキャンセルして、在韓日本大使館とロッテホテルの間に確執が起きると、ウェスティン朝鮮ホテルがそれを代わりに請け負った。

15年の安倍首相訪韓時も、それまで日本の首脳の常宿だったロッテホテルに代わって、ウェスティン朝鮮ホテルが宿泊先に選ばれた。その新世界グループが14年、Eマートで新しいプライベートブランドの販売を開始した。ブランド名は「No Brand（ノー・ブランド）」だ。当初は食品を中心にEマートの各店で販売していたが、日用品から生活雑貨、家電や文具にも手を広げ、単独店の展開も開始した。名前はもちろんのことラインナップも無印良品とそっくりだ。新世界グループはまた、18年にドン・キホーテをベンチマークした「ピエロショッピング」を開店した。訪日韓国人数がピークに達した年で、ドン・キホーテは日本を訪問する韓国人旅行者が必ず訪れる「聖地」である。

模倣は、既存企業の知的財産権を侵害するが、韓国のコピー文化は人々の生命も危うくする。韓国の電力は30％を原子力発電が担っている。12年、その原子力発電所で10年以上に亘ってコピー部品が使われていたことが判明した。ヒューズ・継電器・電子部品など237品目、7680個のコピー部品が韓国水力・原子力発電所に納入され、判明しただけで5200個が使われていた。原発の部品は指定検証機関が発給する「品質検証書」の提出が義務付けられているが、その「品質検証書」に偽造が見つかったのだ。

韓国では特許や商標、意匠などの知的財産権は「特許庁」が管轄する。朴原住《パクウォンジュ》特許庁長は19年7月に中央日報に寄稿したコラムで、「特許は用語もシステムも日本から来た」と書いている。中国と台湾は「専利」、英語のパテントは「公開」を意味し、特別に許可するという意味を持つ名称は、日本と韓国くらいでしか使われない。

韓国の特許第一号は1909年8月。韓国には今でも日本の統治時代に起源を持つものは少なくない。しかし、「特許」は日韓併合前である。1882年、韓国近代医学の父と呼ばれる池錫永氏が「専売」という語で知的財産権の導入を提唱したというが、時の韓国政府は日本式の「特許」を採用した。韓国の知的財産権は、誕生した時から日本を模倣してきたのである。

第5章　実は日本が好きな韓国人

ノー・ジャパンの最中に日本食を食べSNSに投稿していた議員も

　2018年、753万人の韓国人が日本を訪問し、不買運動が拡大した翌19年に558万人に落ち込み、その後はコロナ禍で判定不能とはいえ、韓国人の海外旅行先で、日本が1位であることに変わりはないはずだ。日本の次に韓国人旅行客が多いのは中国で、15年以降、年間400万人程度であり、日本や日本人、日本文化を好む韓国人は、日本人が考えるより多いと言っていいだろう。

　日本の観光庁が訪日韓国人に対して行った調査で、最も多い支出は宿泊費の33・38％、2番目は飲食費の27・86％、3番目は買物代の23・56％で、ショッピングや娯楽より、グルメを楽しんでいることがわかった。

　和食はユネスコ無形文化遺産に登録されて世界各地に広がったが、韓国では早い段階から普及していた。韓国の高級ホテルでは、フランス料理、中華料理、現地料理と同様に、かなり前から日本料理も選ぶことができたのだ。

第2章で紹介した秋山英一が、韓国ロッテホテル常務兼百貨店事業本部長に就任してまもない頃、新羅ホテルの日本料理店を訪れたことがあったという。秋山の就任は1977年なので、その当時から韓国の高級ホテルで日本食が供されていたことになる。新羅ホテルはホテルオークラと業務提携を結んでおり、日本人の料理人がいたのか味は悪くはなかったものの、接客と給仕に不満を感じたと秋山は語っている。

72年に開業したコリアナホテルも、早くから日本食を提供していた。コリアナホテルの隣にあるソウル市議会庁舎は75年まで国会議事堂として使われ、また、周辺に政府庁舎が多かったことから、政府高官の会食で使われることが多かった。

公的な会食には、朴正煕政権時代に迎賓館を備えた新羅ホテルなどが使われ、非公式の場合にはコリアナホテルの日本食レストランが多かったという。政財界には日本食を好む人たちが少なくない。ノー・ジャパンでソウル市が日本製品を購入しないよう求める中、当のソウル市議が日常的に日本食を食べ、それを自身のSNSに投稿していたほどだ。

高級日本食レストランでは、2000年代まで10人程度が入れる個室が必須だった。

政財界の会食は、ホテルの日本料理店や正統日式レストランの個室で行われることが多かったからだ。今でもそのようなレストランでは、VIPの会食を想定したコース料理が基本となっている。

韓国の先進エリアを「イザカヤ」が席巻した3つの理由

日本食はもちろん庶民にも浸透している。例えば、豚肉料理の定番の1つにとんかつがある。

とんかつは豚（とん）とフランス料理のコートレット（カツレツ）を組み合わせた造語で、発祥は1899年、銀座・煉瓦亭だといわれている。

とんかつが韓国に伝えられたのは統治時代だ。当時は富裕層を象徴する料理で、1960年代に韓国式とんかつ（薄めの肉と衣が特徴的）が確立され、庶民の間に普及した。

最近は日本式とんかつも増えている。韓国語には「ツ」の音がなく、韓国国立国語院が定めた外来語表記で、日本語の「ツ」は「ス」と表記することになっていて、韓国式とんかつ料理はトンカス、日本式とんかつ料理は「トンカチュ」と書かれていることが多い。

韓国式のいわゆる「トンカス」は、豚肉をハンマーで叩いて薄く伸ばしてから油で揚げる。野菜と一口大の丸いご飯を同じ皿に盛り、白いスープが添えられる。統治時代に日本人が伝えた料理法のようで、それは今もなお守られている。

とんかつと同じく日本が統治時代に持ち込んだおでんやうどんも、人気が高い。第3章で述べたように、韓国では練り物全般をおでんと呼んでいて、さまざまな料理に使われるほか、おやつとしても定番だ。日本風おでんは日本式居酒屋の欠かすことができないメニューだ。

うどんに似たカルグクスという料理がある。カルは包丁、ククスは麺類を指し、包丁で切った麺類という意味になり、日本語そのままにうどんと呼ばれることもしばしばだ。ちなみにうどんの起源については、奈良時代に遣唐使が中国から持ち帰ったという説や平安時代に遣唐使として唐に渡った空海が持ち帰ったという説、あるいは鎌倉時代に宋に渡った臨済宗の僧・円爾が持ち帰ったなど諸説ある。

恐らく聖徳太子の時代までに中国から伝わった小麦粉が日本独自の進化を遂げ、鎌倉時代には禅寺などで食されていたと思われる。

発祥はともかく、韓国で食されているうどんが統治時代の日本に由来することは間違いない。ソーセージやスパムを入れたプデ（部隊）チゲなど韓国料理のトッピングや正統中国料理店にもうどんがあり、いまや韓国人に欠かせない日常食となっている。韓国の中国料理店にはチャンポンもある。真っ赤な激辛スープで、具材は日本のチャンポンをコピーしており、日本のチャンポンと韓国人が考える中国料理をミックスしたメニューと言えば伝わるだろうか。

韓国人が好んで食べるキムパプやタンパルパンも、統治時代に日本人が持ち込んだものだ。キムパプは日本の海苔巻きを真似た料理で、韓国でも「ノリマキ」と呼ばれていたのだが、国立国語院は、海苔を意味するキムとご飯を意味するパプを合わせた「キムパプ」という名を生み出した。95年のことだった。

タンパルパンはアンパンのことで、これも統治時代に伝えられた。日本でアンパンが普及したのは西南戦争の時で、戦争の最中にご飯を炊くと位置が敵方に知られるし、握り飯だと冬は凍り、夏は腐りやすいので、明治政府が登場したばかりのアンパンを採用したのだという。

ところで、韓国で漫画の『ドラえもん』が発売された時、どら焼きをタンパルパンと訳していた。どら焼きとアンパンの区別がつかなかったようだ。

清酒も統治時代に由来する。韓国では旧暦の盆や旧正月などの名節に先祖の墓に清酒をかける習慣があり、年配者はこの清酒を「チョンジョン」と呼んでいる。チョンジョンは正宗の韓国語読みで、統治時代に日本人が韓国で製造した日本酒「櫻正宗」に由来する。

戦後、韓国企業が「櫻正宗」の工場を引き継いで清酒の生産を続け、食糧難の60年代に衰退した後、80年代半ばから日本の杜氏の支援を得て復活した。

燗酒が主流だった韓国でも、86年に主要な企業グループ・斗山が「清河」を発売して以降、冷酒も親しまれるようになった。09年、韓国ロッテが斗山の酒類事業を買収、傘下の企業が日本でも知られている韓国焼酎「鏡月」を製造している。

日本酒の人気を牽引してきたのは「月桂冠」だ。96年、月桂冠が合弁で韓国月桂冠を設立した当時、日本料理は会食や富裕層向けだったが、韓国月桂冠は本格的な日本料理と日本酒を気軽に味わうことができる日本食チェーン「かつら」を展開し、人口に膾炙《かいしゃ》していった。

その後は白鹿が販売を開始し、複数の日本酒輸入会社が誕生。日本食レストランや居酒屋が酒類の多さを売りにするようになって、韓国月桂冠もさまざまな銘柄を扱う必要に迫られた。韓国側が日本出資分の全株式を買い取って独立し、取り扱い銘柄を増やしていった。

２０００年代後半になると、韓国に居住していた日本人実業家や韓国人資産家が日本式居酒屋事業に進出し、日本式居酒屋は韓国語でも「イザカヤ」と呼ばれるようになった。当時、日本から進出した「てっぺん」では連日、若者客を中心に賑わうなど、イザカヤがそこかしこに誕生していった。韓国の中華料理店の経営者は、華僑や朝鮮族など中国人が多いが、日本式居酒屋は韓国人が圧倒的に多い。イザカヤの韓国人経営者は、日本を視察訪問し、日本の雑誌を買い集めるなど、日本の居酒屋の模倣に取り組んだ。

イザカヤがブームとなった背景は主に３つあると見ている。

韓国の日本酒人気は若い女性が引っ張った。２０００年代に入って女性の社会進出が本格化したものの、退勤後に利用できる飲食店は、会食向けの高級店か、オヤジくさい焼酎やマッコリを出す韓国風の居酒屋くらいしかなかった。若い女性が香り豊かな日本酒に飛びつき、イザカヤはＯＬがアフターファイブを楽しむことができるおしゃれな店として定着した。

若い女性が好む店には若い男性も集まるのが世の常で、それがさらに人を呼び……ということで、イザカヤは賑わいを見せた。日本酒は「サケ」と呼ばれ、富裕層はダイギンジョウ、中流層はジュンマイシュ、学生などは、ガンバレトウチャン（後述）を愛した。

2つ目の背景は日本文化の開放だ。韓国は48年の建国以来、日本の漫画やドラマ、映画、歌謡などの日本文化を法律で厳しく制限した。海賊版は出回っていたが、金大中政権下の98年から順次開放され、人目をはばからず日本文化に触れることができるようになった。イザカヤブームの震源地にいたのは、公式に開放された漫画やドラマ、J－POPを楽しんだ第一世代でもある。

最後の3つ目は供給側の都合だろう。韓国の実業家は60年代以降、日本を基準として、その流行を積極的に取り入れてきた。日本への視察訪問と模倣はビジネス拡大のため、普通のことだった。

また、同レベルの韓国料理と日本料理とでは、客単価の差は大きいものの、原価の違いはさほどない。となれば、収益率が高い方がよいのが道理で、先進エリアの江南や若者が集まる弘大を中心にイザカヤが増え、日本料理を専門に教える料理学校も誕生した。

相前後して日本酒の輸入業者は、日本の雑誌で上位にランキングされたり品評会で金賞を獲得したりした日本酒など、さまざまな銘柄の輸入を手がけるようになり、韓国で流通する商品はぐっと増えた。

人気があるのは、月桂冠の他、萬寿、千寿、そして、がんばれ父ちゃん、の4銘柄である。萬寿と千寿は地酒ブームに乗ってその地位を固め、がんばれ父ちゃんは、値段の安さとネーミングがウリだ。初級日本語を学んだ人なら理解できる名前である。

韓国の日本酒は税金や流通経費を加えると日本の3倍以上の価格になる。韓国の日本酒業界が安価な日本酒を求め、これに新潟の酒造メーカーが応えたのが、このがんばれ父ちゃんだった。

バブルの頃、吟醸酒などの良質な日本酒の消費が右肩上がりで伸び、中堅会社はこぞって生産設備を増強した。だが、バブル崩壊後の90年代半ばをピークに日本酒市場は縮小の一途を辿った。がんばれ父ちゃんは、良質な特定名称酒を製造している中堅会社がその遊休施設となった製造ラインを使って製造している。

日本の技術が生んだ韓国定番のインスタントラーメン

何度目かの登場になるロッテのヒットメーカー、秋山英一も百貨店に導入した牛丼店が閉店に追い込まれた過去がある。あの吉野家も斗山とフランチャイズ契約を結んで96年に韓国1号店を構えたが、2年ももたずに撤退した。

先に触れたが、牛丼は日本ではファストフードであるのに対し、韓国では食事の位置付けになる。丼をメインにキムチや汁、付け合わせなどをセットで供するし、キムチと付け合わせは食べ放題が基本だ。また韓国人は丼物を匙で食べる。ロッテは当初、匙を用意しなかったことからクレームが続出し、吉野家は日本と同様、キムチや味噌汁を別料金としたことが失敗の原因になったようだ。

そうやって苦戦を強いられた丼物は、日本食と日本酒ブームに乗って少しずつ浸透し、メニューに取り入れる店が増えるようになった。イザカヤのメッカとなった弘大エリアに開業した「弘大どんぶり」は、行列ができる人気店となった。

そんなブームが終焉したのは11年3月のことだった。東日本大震災が発生し、福島第一原発から大量の放射性物質が流出すると、日本食や日本酒は放射能に汚染されているというデマが流布したからである。それから日本食は衰退の道を辿るかに見えた。だが、あにはからんや、13年頃からブームが再来したのだ。日本で人気の『孤独のグルメ』や『深夜食堂』などが放映されるようになり、番組で紹介されたメニューが注目を浴び、深夜食堂そのものを模倣する店さえ現れた。

同時期からはじまった訪日観光ブームも日本食の人気を後押しした。90年代の高級日本料理を中心とした第１次、イザカヤ・日本酒の第２次に続き、丼やラーメン、家庭料理を中心とする第３次日本食ブームの到来だった。

第１次では寿司が必須で、高級ホテルは寿司を握ることができる料理人を日本からこぞって招聘した。第２次は扱う日本酒の銘柄数が重要で、ホテルや居酒屋はさまざまな銘柄を求め、デパートも日本酒コーナーを拡張した。第３次はとんかつとラーメン、カレーが欠かせない要素となった。

韓国語でラーメンを意味する「ラミョン」は具体的にはインスタントラーメンを指し、スーパーやコンビニなどでは１００種類を超える商品が販売されている。一方、日本式の生麺は「ラーメン」と呼ばれている。最も人気が高いラミョンは農心の「辛ラーメン」で、三養食品の「三養ラーメン」とオットギの「ジンラーメン」が２位争いを繰り広げている。飲食店でラミョンを注文すると、辛ラーメンに具材を加えた料理が供される。辛い料理を注文する時、辛ラーメンより辛いか否かが基準になっているほど辛ラーメンは生活に根付いており、大韓航空やアシアナ航空も採用する定番のラミョンである。

韓国のラミョンことインスタントラーメンは63年、日本の技術から生まれた。第1号は前出・三養《サムヤン》ラーメンで、そのホームページには、日本の明星食品から機械と技術を取り入れ、韓国で初めてラーメンを発売したと明記されている。ここまで出自を明かすのはこの国にしては極めて稀なことだ。

朝鮮戦争後の食糧難が続いていた60年代初期、三養食品の創業者は、ソウル南大門市場で1杯5ウォンのお粥を買う行列を見て、庶民たちの飢えを解決しなければならないと考え、コメの代わりに手軽に食べられる食品として日本を訪問した時に食べたラーメンを思い出し、食糧問題を解決する唯一の道だと考えた。

その創業者は韓国政府の商工部と交渉して5万ドル（当時のレートで1800万円）を借り受け、日本の食品メーカーを訪ね歩いた。国民の窮乏を救いたいという彼の思いに共鳴した「明星食品」の当時の社長が技術を無償で供与、製造機械を原価で提供した。日本は日韓基本条約に基づいて韓国に有償と無償合わせて11億ドル（同3960億円）を支援したが、明星食品の支援は条約締結の2年前で、三養食品はもちろん韓国政府も金がなかった時代である。

63年に三養ラーメンが1袋10ウォンで販売を開始した時、赤字になると反対した役員に創業者は、国民の窮状を救うためだと説得して押し切ったのだった。ちなみに当初は日本と同じレシピだったが、その後、辛さを増すなど韓国人の嗜好に合わせて手が加えられた。

韓国のラミョンは辛いほど人気がある。袋麺は辛ラーメンや三養ラーメンが定番だ。もっとも、2019年に大手コンビニで最も売れたカップ麺は三養食品の「プルダック（鶏肉激辛炒め）焼きそば」で、コンビニ大手と専門店（オモリキムチ）とのコラボ「オモリキムチチゲラーメン」が2位だった。上位2つに加えて、三養の「カルボ（ナーラ風）プルダック焼きそば」、八道《パルド》（韓国ヤクルト系列）の「トゥムセラーメン」、「ホンラーメン辛チーズ麺」など、20代女性の購入比率が高かった。

どのくらい辛いのか。辛さの指標であるスコビル指数（SHU）を比べてみると、日本人に馴染みのある辛ラーメンの2700SHUに対し、プルダックシリーズで最も辛い「ヘクプルダック焼きそば」は10000SHU、八道のトゥムセラーメンも約9400SHUと、なかなかのレベルである。

プルダックシリーズは当初はあまりの辛さから敬遠された。そこに、ユーチューバーらが次々と「プルダック」にチャレンジする動画をアップして知名度が向上している。

三養食品は国内外で2800億ウォン（約266億円）以上を売り上げた激辛のヒット商品「プルダック焼きそば」シリーズを携え、日本に現地法人を設立した。同社初の海外拠点である。18年の総輸出額2000億ウォン（約200億円）に対して、日本は36億ウォン（約3億6000万円）台に過ぎず、大きいとはいえない市場で、日本市場の梃入《てこい》れを図る名目だが、日本への関心が高いことを示している。

ラーメンも手掛ける日本のヤクルト同様、韓国ヤクルトもまた子会社を通じてインスタントラーメンを販売している。それが八道だ。

韓国のインスタントラーメン市場は長いあいだ、農心と三養がシェアを2分し、オットギが追いかける構図だったが、韓国ヤクルトのインスタントラーメンブランド「八道」がそこに割って入った。八道は白いスープでありながら、赤いスープと同じ辛さの「コッコ麺」を11年にヒットさせ、一気にシェアを拡大し、3位に食い込んだ。スープがなく辛いソースを絡めて食べるビビン麺も人気が高く、日本に輸出するほか、ロシアでも販売を伸ばしている。

海賊版流入草創期、手で描き写された『ドラえもん』は『ドンチャモン』に

韓国の高校では英語に加えて、選択制の第二外国語を勉強する。一番人気は日本語だ。日本語を学んだ人たちに、その理由を聞くとたいてい、漫画を原文で読みたかった、J－POPを覚えたかったという回答が返ってくる。

韓国政府は戦後、日本の漫画やアニメ、歌謡、映画、ドラマなどの大衆文化に触れることを法令で厳しく規制した。65年の日韓国交正常化後、政治と経済の交流が公式に始まった一方、大衆文化の流入は一切、認めなかった。

そうはいっても、実際にはさまざまなルートで入りこんでいた。当時、韓国の大衆文化コンテンツは貧弱で、ドラマや劇場映画、大衆音楽、アニメーションなど、欧米からの輸入に依存しており、日韓国交正常化で往来が具体的に始まると、日本のコンテンツの海賊版が流通し始めた。

70年代に入ると一部のレコード店で日本大衆歌謡の海賊版が売られるようになる。日本に旅行した人が持ち帰って、転売した音盤やそれをコピーしたカセットテープが出回った。米国のポップスを複製した海賊版が300ウォンから700ウォンで売られていた当時、日本のポップスを複製したカセットテープは3000ウォンから5000ウォンで売られていたという。地下鉄の初乗りが40ウォン、大衆料理の韓国風ジャージャー麺が一杯200ウォン前後の時代である。今の物価に換算するとテープ1本あたり1万円から1万5000円くらいで、どう考えても高額なのだが、79年に400件近くが当局から摘発を受け、計40万本以上が押収されたとされ、この時すでに広範囲に広がっていたと考えられる（当時は固定相場制で、72年に1ドル＝400ウォン、74年に同＝480ウォン、80年に同＝580ウォンとなり、80年2月から変動相場制へと移行）。

ちょうど同じ頃、『ドンチャモン』というコミックが人気となった。『ドラえもん』の海賊版だ。当初はすべて描き写していたところ、そのうちコミック本をコピーしてセリフだけを韓国語に差し替えるようになったという。90年代初期にはドンチャモン第2版が発売され、ドラえもんを図柄に使ったドラモン学習教材が発売された。しかし、95年に正規版のコミック本の販売がはじまったことから、第2版はほとんど流通しなかったという。

そのドラえもんは正規版とはいえ、さまざまな加工がなされた。ドラえもん以外の登場人物の名前はもちろん、地図や地名は韓国のものに差し替えられた。また日本のコミック本は右綴じであるのに対し、韓国のコミック本は左綴じで、左右を反転したため、例えば右投げ右打ちの登場人物が野球をする場合、みな左投げ左打ちになってしまった。また、コミックに登場する子供たちは100ウォン硬貨で買物をした。100円を韓国の物価に直すとだいたい1000ウォンになるが、1000ウォンだと紙幣しかなく書き替えが大変だった。だから100ウォン硬貨が採用されたのだ。

ドラえもん以外にも『あしたのジョー』『バビル2世』『ガラスの城』『荒野の少年イサム』『闘将ダイモス』『銀色の髪の亜里沙』など、多くの漫画で修正版というかパクリ版が出版された。架空の韓国人漫画家の作品として、あくまでも韓国の漫画として広がったのだ。例えば、韓国が「万国著作権条約」に加入した87年から90年に発行された日本漫画は200種で、そのうち正式に契約を結んだ漫画は4種のみ、残りは不法コピーだった。日本でベストセラーになった本が1か月ほどで翻訳出版されるのはザラだったという。

70年代からは日本のアニメのテレビ放送が始まっている。70年には『鉄腕アトム』、71年には『タイガーマスク』『鉄人28号』『ジャングル大帝』などが、75年には『マジンガーZ』、77年に『魔法使いサリー』や『キャンディ・キャンディ』が放映された。ロボット漫画は文字や音声を変えて国籍を隠し、『鉄腕アトム』は韓国製を装い、『マジンガーZ』は米国アニメの吹き替え版という名目で放映された。欧米が舞台の少女漫画は、日本製と推察できる部分を修正したようだ。『銀河鉄道９９９』など、日本製という噂が広まって早々に中断されたアニメがあるものの、そういったアニメが実は日本製だと知っていた人はごく一部だった。

75年に中央日報は、「韓国テレビにおける子供番組は、荒唐無稽な冒険を素材とした米国産浪漫映画に圧倒されている。たとえばマジンガーZ、西部少年チャドリ、遊星仮面ピーター、宇宙三銃士、トルトリ探検隊などがこのような類型に属する」と名指しして批判している。敢えて日本製の作品も日本製であることを糊塗し、米国に由来する漫画が韓国人としての主体性の形成を難しくすると訴えたようだ。学校では反日教育を受け、家では日本のアニメを見て成長した世代の多くが、子供の時に楽しんだアニメが日本製だと知るのは90年代に入ってからのことだ。

80年代に入って、サムスンや金星（現・ＬＧエレクトロニクス）が日本企業の技術協力を得てビデオデッキの販売を開始すると、不法ビデオテープが出回った。表向きには放送や視聴が禁止されていた日本の番組を録画したビデオテープを貸し出すレンタルビデオ店が現れた。日本で録画した日付と番組の名称を書いたリストを馴染み客に見せ、こっそり貸し出すのだ。統治時代に日本語を学んでいた世代は問題なく視聴できただろう。

81年にソウル市のある私立小学校の運動会で、ある生徒が『マジンガーZ』の主題歌を日本語で歌い出すと、他の生徒たちも日本語で歌い出して、教師や運動会を見に来ていた父母らを唖然とさせる事件が起きた。レンタルだけではなく、日本でテレビを録画したアニメのビデオを売る店も存在しており、富裕層の間で海賊版が普及していたことを物語るエピソードだ。

組織的なNHK不法受信とテレビ業界の「ネタに詰まったら釜山に行け」神話

そして90年代後半から日本文化が開放されることになった背景に、NHKの衛星放送とインターネットの普及があると言われている。

89年にNHKがアナログ衛星放送を開始し、韓国の一般家庭でもパラボラアンテナを設置するとNHKのBS1とBS2を視聴できるようになった。このことで韓国政府の抗議を受けたNHKは韓国に届かないよう電波の出力を弱めたが、増幅装置を設置すれば画質は悪いながらも視聴は可能だった。

筆者が韓国で最初に借りたマンションにはテレビアンテナの差し込み口が2つあった。

1つは韓国のケーブルテレビで、もう1つはマンション屋上に設置されていたパラボラアンテナに繋がっているNHK-BS専用の差込み口だった。NHK-BSの視聴は無料。98年に竣工した複数棟合わせて約2000戸のマンションで、組織的に不法受信が行われていたことになる。

インターネット（当初はパソコン通信）は90年代に入って、若い人々の間で普及し始めた。00年には50％近くまで普及し、日本のテレビドラマや映画、J-POPに接する若者が多くなった。

日本文化開放の流れをざっと見ておくと、98年に日本の漫画と国際映画祭の受賞作品が、99年に2000席以下の日本人アーティストの公演が、00年に国際映画祭で受賞した劇場用アニメ、コンピュータゲーム、スポーツ・ドキュメンタリー・報道番組が解禁、日本人アーティストの公演の座席数制限も撤廃された。04年には映画が全面解禁となり、レコード、CD、テープの販売も認められた。

テレビアニメに加えて、日本の〝笑い〟をコピーしたバラエティ番組も人気を博した。

80年代、コメディアンの李周逸《イジュイル》は、加藤茶と志村けんの「ひげダンス」を模倣して人気を博し、国民的スターとなった。彼が人気を得たバラエティ番組『土曜日だ！　全員出発』もドリフターズの『8時だョ！　全員集合』を模倣していたはずだ。文化の流入を制限していた時代、実際に日本のコピーであることが世間に知られることはなかった。不法ビデオを観た人がオリジナルは日本のものだとわかっても、それを問題にすれば違法視聴がわかってしまうからだ。

また当時、韓国テレビ業界では「ネタに詰まったら釜山に行け」という合言葉のようなものがあったという。釜山では大型アンテナを立てると日本のテレビ放送を受信できるし、違法ビデオのなかには釜山で録画された日本からの越境放送が多かったようだ。韓国のテレビ局も日常的に日本のテレビ番組を模倣していたことの証左だろう。

日本側も訴えることをしなかったし、むしろできなかった。韓国には日本の法律を模した著作権法があったが、万国著作権条約に加盟していなかったからだ。もっとも、韓国がこの条約に加盟した後、日本のテレビ番組の海外版権を管理していた米国の代理店が韓国のテレビ局に対し、著作権料として3万ドル（約600万円）を請求したことがあった。

韓国のコンテンツ製作者は、模倣はバレないという前提でせっせと日本の作品を模倣し続けた結果、知らず知らずのうちに日本的なものを違和感なく受け入れる土壌が生まれていたのだろう。それが、日本の文化が開放され、コンテンツが短期間で受け入れられた要因の一つと考えられる。

数字はウソをつかない韓国人の「日本大好き」度

訪日韓国人については第1章や本章の冒頭で少し触れたが、掘り下げて見てみたい。日本にやってくる韓国人はサッカーW杯の日韓共同開催が迫った2000年に100万人を超えて以降急増し、06年に200万人を超えた。リーマン・ショックの影響で円高ウォン安が進行した09年と東日本大震災が発生した11年に200万人を割り込んだものの、13年から訪日観光ブームが広がり、日本を訪れる韓国人が韓国を訪れる日本人を上回る状況となった。15年は400万人、16年には人口の10%に相当する500万人を超え、17年には700万人余にまで成長した。

ノー・ジャパンが拡散した19年は558万人。拡散以前である同年7月までの訪日韓国人は442万人なので、ノー・ジャパン以後5か月間に116万人、月平均20万人が日本を訪れたことになる。急減したと騒がれたとはいえ、275万人が日本を訪問した訪日ブーム2年目の14年と同じ水準になったに過ぎない。

ちなみに19年、韓国を訪問した日本人は３２７万人で、ノー・ジャパンの最中、訪日韓国人が、訪韓日本人を大きく上回っていた。韓国人が日本を訪れる目的は、仕事や親族訪問に加えて、温泉、ゴルフ、スキーなどのレジャーを楽しむ人や、街歩き、グルメ、ショッピングなど多岐にわたっている。特定の目的よりむしろ、日本そのものを楽しみたい人が多い。訪問する地域も全国に及んでおり、体感ではあるものの47都道府県のすべてを訪問したことがある人の割合は日本人より高いとさえ思えるほどだ。

韓国の大法院（最高裁）がいわゆる徴用工をめぐって日本企業に賠償金の支払いを命じる判決を下し、韓国政府が日韓慰安婦合意に基づいて設立された「和解・癒やし財団」を解散、加えてレーダー照射事件など、日韓関係が悪化した19年5月から6月に、日本の民間非営利団体「言論ＮＰＯ」と韓国民間シンクタンク「東アジア研究院」が共同で実施した調査がある。ノー・ジャパン拡大前とはいえ、参考になる数字なので伝えておくと、日本人に対する印象が「良い」と答えた韓国人は31・7％だった。17年は26・8％、18年は28・3％で、13年に同調査がスタートして以来、初めて30％を超えた。

一方、日本人の韓国人に対する好感度は18年の22・9％から20％に下落しており、韓国に好感を抱く日本人より、日本に好感を抱く韓国人の方が多い実態が明らかになった。

また、日韓の経済協力が必要と答えた韓国人は83・1％で、日本人の43・4％をはるかに上回り、日韓関係の重要性を問う質問に韓国人の70・8％が、改善のために努力する必要があると答え、日本人の40・2％より多かった。

ちょうど同じタイミングで、読売新聞と韓国日報が共同で行ったアンケートによると、日韓関係が悪いと答えた韓国人は14・9％で日本人の13％と大きな違いはなかった。ただ、関係改善を期待する韓国人は25・2％で、日本人の14％を大きく上回っていた。

投資と就職から見る困った時の日本頼み

韓国には困った時の神頼みならぬ、日本頼みがある。

韓国は97年から98年のアジア通貨危機や08年のリーマン・ショックを経た後、インフレが続く中、3度目の経済危機を警戒する資産家らが海外投資に舵を切った。10年頃から韓国の投資企業による日本企業の買収が目立ち始めた。一部の日本人は韓国企業が技術の窃取を目論んでいると危惧したが、純粋な投資である。十分な技術や資産を持ちながら借金に喘いでいる企業を安く買い取って、その分野に明るい人材を経営者として送り込む。経営を立て直したら高値で売却し、その売却益で、次の企業を買収する。日本企業は韓国企業と比べてリスクが少なく、潜在能力が大きいことから標的として選ばれたのだ。

インフレで資産の目減りに不安を持つ資産家や個人投資家もまた日本に触手を伸ばして、主に不動産を漁り始めた。韓国企画財政部が集計した18年の海外不動産直接投資は、前年の37億6700万ドルを34・8％上回る50億7800万ドルだった。その上昇分の多くを日本への不動産投資が占めていると見られる。それまで海外不動産投資は機関投資家の領域という認識が強く、個人投資家はリート（不動産投資信託）やファンドを通じた間接投資を行う程度だった。そこへ、物件紹介から契約の事後管理まで一貫して支援する海外不動産投資顧問会社が登場し、投資のハードルが低くなった。

まず、韓国を脱出して移住を考える投資家が注目したのは、米国やオーストラリアだった。富裕層の子女は海外に留学した後、韓国に戻らず、現地でそのまま就職するケースが多く、本人と配偶者、21歳以下の子が永住権を取得できる投資移民ビザの発給を検討する人も増えていた。実際、18年度にこの発給を受けた韓国人は前年比約60％増の530人ほどで、中国、ベトナム、インドに続いて4番目に多かった。日本が注目を集めたのは海外移住を伴わない投資先として、である。日本の優良不動産は大きく値上がりしない代わりに下落もなく、安定した利回りを得ることができる。

東京のあるビル資産管理会社は、韓国人を相手にここ2年の間に、都内の13億円のオフィスビル、総額15億円のマンションを仲介したという。

韓国の投資家は、母国ではキャピタルゲインを求めてきた。日本のマンションに相当する分譲アパートは、新築時が最も安い物件が多い。開発時には生活施設が不足し、また交通アクセスが不便なことから分譲価格は低くなる。その後、開発が進んで入居者が増えると生活環境が改善されて、不動産価格が上昇する。バス路線や地下鉄などのアクセスが向上して、数倍から10倍近くまで高騰した住宅地もある。

文政権発足以降、韓国の不動産価格は高騰を続け、賃料収益率は東京がソウルをはるかに上回るようになった。不動産投資顧問会社に加え、銀行も日本の不動産への投資シフトを後押しした。日本に子会社があったり、支店があったりする韓国の銀行ならではの囲い込み作戦が奏功したようだ。日本投資はノー・ジャパンと新型コロナウイルスの影響で停滞したが、日本への投資がとどまることはないだろう。

困った時の日本頼みは就職も例外ではない。韓国の若者の就職難は「災難」といってよい水準で、海外就職が加速し、17年には就労ビザを得て日本で就職した韓国人が2万人を超えた。大韓貿易投資振興公社（KOTRA）が、パソナグループと東京で面接会を実施し、グローバル就業支援プログラムの40％以上を日本に割り当てたことも背景にある。韓国の大学で3年間、日本の大学で1年間教育を受けさせる「3プラス1」を実施し、日本への就職を推進した。

学歴が極めて重視される韓国企業では新卒者について、まずはソウル大、延世大、高麗大など一流とされる名門大の学生を、次いで高度な資格を持つ中堅大の学生を採用していく。入社時の大学のランクが入社後の昇給や出世に影響する例も少なくない。

企業が社員の退職に伴ってある人材を採用した直後に、より高いスペックを持つ人が応募したことから、先に採用した人を試用期間中に解雇して、あとから応募した高スペック者を採用した例もある。とにかく学歴至上主義、スペック至上主義なのだ。

名門大学への進学に失敗した人が韓国内で良い就職先を得ることは難しく、逆に日本の方がより好待遇の企業に就職できるチャンスがあり、人生をリセットする機会にもつながる。17年に日本で就職した韓国人の平均年俸は280万円相当（約2786万ウォン）で、韓国大手企業の大卒初任給の平均3325万ウォンより低かったものの、中小企業の2523万ウォンを上回っていた。

もちろん、学生に問題がないわけではない。若者の多くはブランドを重視して有名企業への就職を希望し、中小企業には見向きもしない。企業が育てても、そこで得たスキルを武器に転職する若者が多く、企業は人材を育成するより、スキルが高い即戦力を求める傾向が強いことも就職難の背景にある。

一方、韓国人を採用した日本企業からの評価はおおむね良いと聞く。新卒の韓国人は他国の出身者と比べて日本語力が高く、ビジネスマナーも吸収しやすい。また、日本人より進取的で外国語能力に長《た》けている若者が多く、海外営業などに優れていると評価されている。

また、韓国人は短期間で転職を繰り返すが、日本で就職した若者が短期間で転職することは滅多にない。その理由に査証（ビザ）がある。退職した後、すぐに転職先を見つけることができないとビザが切れ、就業環境が悪化を続ける韓国に帰国するしかなくなってしまうのだ。

もっとも、官民あげて日本への就職に取り組む韓国には人材流出の懸念もつきまとう。一度、海外に出た韓国人は母国に戻らない傾向が強い。かつて、サムスンが将来を担う人材を育成する目的で社員を米国等に留学させたものの、ＭＢＡ取得と同時に現地で転職して、サムスンに戻らない人が多かった。近年、日本で採用した韓国人を駐在員として韓国に派遣する企業が目立っていたのだが、韓国駐在を嫌って日本で転職先を探した例が結構な数にのぼったと聞く。

韓国には、様々な格差が拡大した韓国社会の生きづらさを表現した「ヘル朝鮮」というスラングがある。そんな地獄のようなところには戻りたくないと考えるのは無理もないのかもしれない。

第6章　不買運動は日本なしには成立しない

日本で韓国製品不買運動が起きたらどうなるか？

2020年8月に韓国放送広告振興公社が発表した消費者形態調査で、75％が日本製品の不買運動に参加していると回答した。その一方で、65年の日韓国交回復以降、日本を参考にしたと言ってはばからないパクリ商品を含め、排除できないほどに日本の製品やブランドが浸透しているのも事実だ。

不買運動が巻き起こった19年、日本の対韓輸出が大幅に減少したことは第1章ですでに触れた。

その最大の理由は空洞化だ。不買運動というよりはむしろ、韓国向け輸出が東南アジア向けにシフトした影響の方がはるかに大きい。日本企業の対韓輸出は、サムスン、LG、現代などグローバル企業向けの素材や原料、部品が多くを占めており、半導体を製造する機械も日本製だ。日本政府が韓国を従来のホワイト国であるグループAから除外すると、対象品目を輸入している韓国企業が以後の輸入に不安を持ち、また輸出審査時間が長くなることを想定して、前倒しで発注する例が相次いだ。多くの日本企業は在庫を積み増したい韓国企業からの特需に追われた。その意味で不買は日本を利し、韓国にはデメリットしかなかった。

不買運動が成り立つ大きな要素に「普及」という観点がある。日本で韓国製品不買運動が起きたらどうなるか。結論としては、「起きようがない」である。不買運動を拡散させる以前に、そもそも一般消費者が韓国製品を見つけること自体が難しいだろう。

サムスンのギャラクシーは、世界のスマートフォン市場で、アップル、シャオミとシェア争いを繰り広げているものの、日本市場におけるシェアは10％を下回っている。01年に日本へ進出した現代自動車は10年に事実上撤退することになった。販売を継続した大型バスはインバウンド需要が高まった16年度に163台の販売実績を上げ、日韓関係の悪化が進んだ19年度にも37台を販売した。19年度に日本国内で売れた輸入バスは計71台なので現代自動車が半分強を占めたわけだが、20年4月から21年3月期には進出から初めて年間販売台数ゼロ。この台数だと、よほど注意していても見かけることはなかなか難しいだろう。

米グラミー賞にノミネートされるなど、話題の音楽グループ、BTSに代表されるように、世界的な韓流ブームの広がりで、韓国料理の人気も高まっているが、興味深いデータがある。

韓国農林畜産食品部が東京、北京、上海、ロンドン、ローマなど主要16都市の消費者を対象に韓国料理に関する意識調査を行った。認知度が最も低い都市は東京で、満足度も東京がローマに次いで2番目に低かった。認知度が最も高いのは北京の86・4%、2位は上海の86・2%と、中国の2都市は満足度も90%を超えていた一方で、東京における韓国料理に対する認知度は、距離的に最も遠いリオデジャネイロを下回る23・8%だった。関心の薄さが際立っているのは間違いない。

ちなみに、外国人が好む韓国料理の1位は韓国式チキンで、韓国でトップシェアを誇るフライドチキン専門店「キョチョン」が15年、六本木に日本1号店をオープンしたものの、わずか9か月で閉店を余儀なくされた。台風やコロナ禍で買い占めが起こるなか、韓国の辛ラーメンだけが売れ残る例も相次いだ。

もちろん製品自体も普及していない。韓国が日本に輸出している主要品目は石油製品、鉄鋼、半導体、プラスチック製品、自動車部品などで、日本企業が原料や部品を供給し、韓国で製造された後に買い戻しているような製品が多い。今、日本で販売しているテレビやパソコンモニターのパネルは、高額品は日本製で、普及品はサムスン製とＬＧ製が多くを占めている。日本企業が素材や部品を供給して韓国で組み立てたパネルを日本メーカーが買い戻してテレビに組み込んでおり、韓国企業は表向きサプライヤーのように見えて、実状は下請け工場と変わらない。

パソコンやスマートフォンのＯＳに日本製はないが、家電製品等のＯＳは日本製のトロンが主流であり、仮に深刻な日米経済摩擦が再発する事態になっても産業への影響は限定的だろう。

かつて、米国が日本政府に対して牛肉とオレンジとカリフォルニア米の輸入自由化を迫ったことがある。日本産より安価な米国産が普及しないのは、日本政府が規制しているか、消費者団体が阻害しているからだと考えたからだ。日本政府は米国の要求を受け入れて輸入を緩和したものの、日本の国内消費は米国が期待したほどには拡大しなかった。日本産よりは安いとはいえ、品質もそれなりという認識を広げる結果をもたらしただけだった。

一方、韓国ではあらゆる分野で日本製品や日本ブランドが普及しており、消費者の目につきやすいので、不買運動が成り立ったといえるだろう。もっとも、必要なものを国内で作る技術がなければ不買が続くはずはないし、そもそも宣言すべきではない。

周りの目を意識して、大勢に同調する韓国人の国民性も不買運動が広がった要因だ。日本人にもそういうところはあるにせよ、韓国人ほどではないし、安全と品質へのこだわりが強い。かつて雪印が規模縮小に追い込まれ、三菱自動車が不買で喘いだことがあるが、いずれも不買を煽るような運動が起きたわけではない。消費者それぞれが抱く安全不信からくる行動はあるにせよ、組織的な不買運動が成立した例はないはずだ。

一方、トップに従う性質が身についた韓国人は、より強いリーダーシップを望む性向が強い。国のトップである政府が日本と真っ向から対立する姿勢を示し、反日運動家が不買対象製品を網羅したインターネットサイトの「ノーノージャパン（nonojapan）」を立ち上げると、消費者は半ば盲目的にこれを信じたわけだ。

韓国側の主張は、日本による植民地支配は搾取だったというものだ。結論から言えば、その主張は当たらない。

ある国が他国を支配する目的と手法は大きく2つに分けられる。

まず、本国と異なる制度が導入される1国2制度で、支配する国は武力や買収、懐柔などで相手国の支配権を手に入れる。被支配地、すなわち植民地は本国の利益のために存在し、資本の投入は最小限に抑えられる。

現在、カナダやオーストラリア、ニュージーランドなどは独自の憲法や自治権を有するが、国家元首は英国王で、英国から派遣された総督が国王を代行している。総督の権限は、現在は儀礼程度にとどまっているものの、本国が連邦の国々に関与できる一方、連邦各国は英国の政治に関与できない。

もう1つは領土拡大だ。植民地と同様、武力や買収、懐柔などで手に入れた被支配地域を本国に近い水準まで引き上げて編入する。主にフランスが採用しており、カリブ海のマルティニークやフランス領ギアナなど、海外県としてフランス国会に議席を持ち、本国政治に関与している。

日本も1国1制度が基本だった。明治政府は、江戸幕府が一部地域を支配していたアイヌの居住地と琉球国をそれぞれ併合。琉球国は沖縄県、アイヌの居住地は北海道として本国に編入された。

明治政府は朝鮮半島と台湾を支配下に置いた後、学校を建設して教育を施し、インフラを整備した。最終目的は編入だったはずである。朝鮮人が日本の良民となることを求めた当時の日本政府が、その朝鮮人を搾取対象とすることなどありえなかった。日本は鉄道や建築から食文化に至るまで、あらゆる日本の文物を持ち込んで、当時の韓国の権力者や富裕層が、それらを積極的に取り入れた。

日本がポツダム宣言を受諾して統治が終わると、米国と太いパイプがあった李承晩が大韓民国を樹立し、ソ連の支援を受けた金日成が朝鮮民主主義人民共和国の建国を宣言した。北朝鮮が韓国に侵攻して朝鮮戦争が勃発し、国土が荒廃した韓国は最貧国の一員になってしまった。

日韓基本条約を締結して国交を正常化した65年以降、日本は米国とともに韓国に有償無償の資金援助と技術支援を行って、韓国の経済発展を支援した。かつて朝鮮を支配したことへの贖罪意識もあったのだろう。日本企業や戦後、日本に残って成功を収めた在日系企業が余すところなく技術を供与し、サムスンやロッテ等の財閥企業を中心にこれを取り入れた。

いささか意地悪な言い方になるかもしれないが、韓国の財界が日本企業を信頼し、日本の文物をそのまま取り入れたことから日本への依存体質が作り出され、日本製品の過度な浸透をもたらしたとも考えられる。

8月15日に「光化門広場に来ないか」という誘いを受けて

筆者は日韓ビジネスに関わる広告制作を本業としている関係で、在韓日系企業の従業員など日韓ビジネスに関わっている韓国人らが周りに多く、日韓関係や不買運動が話題になることもあった。

経営者や経営部門の従業員は不買運動に否定的な人が多い。知らない間柄か、それほど親しくない韓国人が近づくと話題を変え、2人きりになると不買運動を批判する。つまり、不買運動に参加しているかどうかわからない韓国人の前では本心を隠し、人目につかないところで本音を吐露する。筆者が日本人だから安心して本心を語る人が少なくない。

不買運動が拡散していた最中に、出前専門会社と契約して売り上げを伸ばした日本料理店がある。日本ブランドの購入を監視する人たちが現れても、出前なら店に出入りする姿が人目に付くことはなく、また専門業者を利用すると第三者が注文内容を窺い知ることもできない。

保守層も不買運動に否定的な人が多いようだ。19年8月上旬、筆者が在韓日本人だと知った韓国人から8月15日に「光化門広場に来ないか」という誘いを受けた。

言うまでもなく、この日は韓国最大規模の反日デーで、例年、光化門広場とソウル駅前で大規模な反日集会が開催される。まして、日本政府が韓国をいわゆるホワイト国から除外すると決定した直後であり、日本人だと知れるとどんな被害に遭うかわからない。実際、韓国各地で反日集会が続いており、8月15日に大規模なものが計画されているという発表を受けて、在韓日本大使館が韓国に居住する日本人に注意を呼びかけるメールを配信。外務省も韓国各地で日本関連のデモ・集会等が予定されているとして注意喚起を行っていた。

ソウル市警は通常、届出を受理したデモや集会情報を発表している。項目は日時と場所、予定規模のみで主催者や目的は公表されない。大使館は時期的に反日集会だと推定していたようだ。

もちろん、筆者は参加するどころか近づくこともしなかったが、あにはからんや、翌日のニュースを見て驚いた。実際には、文大統領の退陣を要求する大規模な集会が行われていたのだった。前日の14日には旧日本大使館前で慰安婦支援を標榜する「正義記憶連帯」が毎週恒例の「水曜集会」を開催し、主催者発表で2万人が集まった。一方、

「8・15文在寅左派独裁政権退陣の日」と銘打った集会には主催者発表5万人、警察推計4万人が参加した。文政権への痛烈なアレルギー反応を感じた瞬間だった。

もちろん、韓国の保守政権も反日政策に打って出たことがないわけではない。李明博は韓国の大統領として初めて竹島に上陸し、朴槿恵は告げ口外交を展開した。しかし、保守政権下で日韓関係が危機的状況に陥ることはなかった。

いまだ労働組合が強い韓国には、財界が保守系政党を支援し、労働者が革新系を支援する構図がある。韓国の財界は、サムスンや現代をはじめ日本から買った技術や材料を使って韓国内で製造し、米国や中国に売って利益を得ている会社が少なくない。政治関係が悪化しても経済は良好な関係を保つ政経分離、官民分離が基本である。財界は政治関係の悪化は見逃すが、その関係悪化が経済に波及しそうになるとブレーキをかける。主に労働組合が支持する左派政権下ではそのブレーキが利かなくなるのだ。その結果が反日不買だったのは紛れもない事実だろう。

韓国の財界が「日韓通貨スワップ」をたびたび求める要因とは？

韓国財界の立場からその懸念材料について考えてみる時、彼らが通貨スワップをたびたび要望するということがある。

通貨スワップは締結相手国が対外支払いに支障をきたす可能性が生じた際に、通貨を交換して短期的に融通し、外貨不足で決済不能になる事態を防ぐ制度で、通貨の安定を目的に使用されることもある。日韓通貨スワップは双方向の協定だが、事実上は韓国の外貨が不足したとき、韓国ウォンを担保に日本円を貸し付ける制度である。

日本と韓国はアジア通貨危機後の2001年、通貨スワップ協定を締結した。アジア通貨危機を踏まえたASEAN＋3財務相会議が00年5月にタイ・チェンマイで開催され、二国間の通貨スワップのネットワーク構築に合意したもので、これはチェンマイ・イニシアティブ（CMI）と呼ばれ、10年には多国間のマルチ化契約が発効している。

日本と韓国は、このCMIにもとづいて、01年に万一、韓国が通貨危機に陥った時、20億ドルを上限に日本が外貨を融通する片方向のスワップ協定を締結し、06年2月には双方向のスワップを締結した。日本から韓国へは100億ドル、韓国から日本へは50億ドルが上限で、15年2月を期限とした。

日本銀行と韓国銀行はCMIとは別枠で、上限を30億ドル相当の自国通貨とする円・ウォンのスワップ協定を結んでいる。08年12月にはこれを200億ドル相当に、11年10

月には1年の期限付きで３００億ドル相当まで増額した。さらに別枠で、３００億ドル相当の期限付きドル・自国通貨スワップを政府間で締結し、ＣＭＩのスワップと合わせて総額７００億ドル相当にまで拡大していたのだが……。

その後、当時の大統領である李明博の竹島上陸を機に日韓関係が悪化し、日本銀行と韓国銀行のスワップは13年7月の期限到来と同時に終了、ＣＭＩのスワップも期限を迎えた15年、延長することなく終了した。

日本は韓国から延長の申し入れがあれば検討やむなしと考えていたものの、韓国は中国との協定があるから十分だとして、「日本が頼むなら延長しても良い」などと撥《は》ねつけていたようだ。いうまでもなく日韓スワップは、形式上は対等だが、事実上は日本が韓国を助ける一方通行の協定である。韓国にとって日本は最大の貿易赤字国だ。19年は不買運動の影響で対日貿易赤字額は減少したが、それでも約１９２億ドルだった。2位はサウジアラビアの約１８０億ドルで、以下、オーストラリアの約１２７億ドル、カタールの約１２７億ドル、ドイツの約１１３億ドルと続いている。

その一方で、貿易黒字の相手国・地域は、香港が中国を抜いて1位に浮上し、中国、ベトナム、米国、インドと続く。アジアにおける輸入代金の支払いは、相手国通貨か米ドルが一般的で、輸出側が指定する。韓国が輸出代金を米ドルで受け取り、輸入代金の支払いに充当すれば、米ドルが不足する心配は少ない。平時は日本円が慢性的に最も不足する通貨なのだ。

現在、韓国はスイスと100億スイスフラン（約1兆2100億円）を上限とするスワップを締結しており、カナダとは上限を定めず、中国と560億ドル相当、インドネシアと100億ドル、オーストラリアと77億ドル、マレーシアと47億ドル、トルコと20億ドル相当の通貨スワップをそれぞれ締結しており、これらはいずれも相手国通貨による協定だ。基軸通貨はカナダドルとスイスフランのほか、CMIのマルチ化契約による384億ドルしかない。

また、韓国のスワップはカナダを除くと半分近くを対中国が占める。終末高高度防衛ミサイル（THAAD）の在韓米軍配備を機に中韓関係が悪化し、期限到来と同時に中韓スワップが終了する懸念が生じたものの、中国が延長に合意して韓国は胸を撫でおろした。しかし、中韓スワップは、韓国ウォンを担保に中国元を貸し付ける意味合いが強く、中国が韓国企業に売った商品等の代金の回収不能を回避する協定に過ぎない。

20年3月に米国は韓国を含む9か国とスワップ協定を締結している。それは米国がコロナ禍で、米ドルが不安定になることを恐れた時限スワップだった。韓国銀行が400億ドルの外貨準備高があると豪語する一方、国策銀行の韓国輸出入銀行は流動性外貨がショートし、20年3月、サムスン電子に泣きついて借金を申し入れている。

輸出入銀行は1月から3月に約46億ドル、4月に約30億ドルの外貨を調達したが、3月と4月に約69億ドルの外貨支出が集中。ドルを多く保有する機関投資家に打診したものの、コロナ禍で市場が硬直しており、輸出入銀行は確実な大口投資先を求め、サムスン電子などグローバル企業に相談し、外貨社債を発行した形だ。国策銀行の輸出入銀が発行した債券は、国の格付けと同じAA等級で人気が高く、満期まで保有しなくとも、コロナ禍が収束すれば機関投資家に良い条件で売却できる。

発行金額や条件は明らかになっていないが、低金利の時期に良い投資になったであろうことは想像がつく。韓国銀行は米韓スワップ協定の締結から2か月で約30%に相当する188億ドルを市場に供給した後、追加供給を中断した。返済に不安を感じたからだ。韓国ではカネを貸した側が、返して欲しいと頭を下げてやっと返済してもらえるが、米連邦準備制度理事会（FRB）には通用しない。そのことに遅ればせながら気づいたようだ。日本企業は韓国に売った代金を円またはドルで請求する。すべてを円で請求すると、円・ウォンのスワップ協定がない韓国は保有するドルやユーロを売って円を買い漁るしかない。買い漁りで円高が進行すれば保有外貨の目減りは避けられない。

韓国は海外貿易がGDPに占める割合がとても大きい。日本がGDPの27％を貿易に依存する一方、韓国は60％を貿易に依存している。中国は30％、米国は19％である。アジアの貿易取引は輸出する国の通貨か米ドル決済が一般的で、韓国の財界は外貨が不足して取引が滞ることを何よりも警戒する。

韓国に外貨不足の懸念が生じたら、海外企業は韓国に商品を売らないか、厳しい条件を突きつけるだろう。その点、日韓通貨スワップがあれば、いざという時には、韓国が日本から外貨を調達できる安心感から相手側が商品供給をためらわないということは理解できるだろう。

日本は十分な外貨を保有しているし、また6つの基軸通貨国である米国、ユーロ圏、日本、英国、カナダ、スイスは、期限と上限を定めない通貨スワップのネットワークを形成していて、必要な時に必要な外貨を調達できるので、外貨不足に陥ることはない。日韓通貨スワップは、本来は日本が韓国ウォンを担保に円やドルを貸し出す制度だが、日本が韓国を保証する側面もあり、韓国の財界が日韓通貨スワップを求める要因になっている。

反日と嫌韓はこれからどうなって行くか？

ここまで見てきたように、韓国は過去、日本製品で溢れていたし、これからもそうであるはずだ。また、多くの韓国人が日本製品の販売やメンテナンスで生計を立てている。日本と韓国の取引がなくなると、筆者を含む日韓ビジネスに従事している日本人も短期的にはダメージを受けるとはいえ、他に活路を見出すことができるだろう。一方、日本製品の販売やメンテナンスで生計を立てている韓国人や日本製品を使っている人のダメージは小さくない。

日本で人気を得た商品やサービスの多くが15年から20年後の韓国に登場してきた。ある韓国人コンサルタントは10年から15年前の日本の新聞や雑誌を見て、企業に提案する商品やサービスを選ぶという。模倣は、ゼロから企画して開発するより容易で失敗が少ない。日本を模倣し、日本に依存してきた国が欧米依存に転換することはできず、今後も日本を模倣し続けるだろう。

日本の製品や文化は、左派政権が日帝残滓の排除と日本製品の不買を叫んでも排除できないほど、韓国人の生活やビジネスに浸透し過ぎている。

筆者が軍施設を訪問した時には三菱製の機械を目にしたし、起亜自動車が韓国軍に供給している軍用トラックにはマツダが設計したエンジンが搭載されている。いずれも韓国の社会のみならず裁判所で戦犯と指弾された企業だ。日本を完全に追い出せば、国家の安全保障にも不安が生じることになるわけだ。

韓国は反日教育や不買運動を行って個人の自由を制限してきた。そこから生まれる過度な対立は国際関係だけではなく自国経済や国民生活を萎縮させ、安全を脅かす。親日になれとは言わない。「普通の関係」を模索できないものだろうか。

何もこの国に限ったことではないが、韓国は胸を張れる歴史と忘れたい歴史とを持っている。過去に向き合うことは大切だが、それを現代や未来に引きずったところで前向きなものは出てこないのではないか。過ぎ去った時間を変えることはできないのだ。

今後、日韓関係はどうなるのか。

韓国政府はこれまでと同じように、ことあるごとに謝罪と賠償を求め、ファイティングポーズを取り続けるだろう。また、慰安婦や朝鮮半島出身労働者、いわゆる徴用工も謝罪と賠償の要求や請求を繰り返すはずだ。もっとも、韓国の世論や裁判所の考え方にここ最近、変化が見られるのは間違いない。その辺りの経緯を少し細かく見てみよう。

18年10月、韓国の大法院（最高裁）は、徴用工裁判で、日本企業に賠償金の支払いを命じる判決を下した。さらに、21年1月には、元慰安婦らが日本政府を相手取って損害賠償を求めた訴訟で、ソウル中央地裁が日本政府に対し、原告1人あたり1億ウォン（約950万円）の支払いを命じる判決を下した。

ところが、同年4月、元慰安婦と遺族らが提訴していた第2次慰安婦訴訟で、ソウル中央地裁は原告の訴えを却下した。また、6月には同じくソウル中央地裁がいわゆる徴用工裁判で原告の訴えを却下した。後者の原告は、戦時中の強制労働被害を主張する元労働者と遺族85人で、被告は日本製鉄・日産化学・三菱重工業など日本企業16社。却下は訴訟要件を満たしていないとして、審理を行わない決定で、原告敗訴と同じ意味を持つ。

そもそも第1次慰安婦訴訟は故・裵春姫《ペチュンヒ》ら12人の原告が、13年8月に慰謝料を求める民事調停を申し立て、16年1月、裁判に移行したもので、日本敗訴の判決が下されていた。

日本政府は65年の日韓請求権協定と15年の日韓慰安婦合意で解決済みという立場を貫

いた。これに加えて、Aという国家の裁判所がBという国家を訴訟当事者として裁判することはできないという国際慣習法の「国際法上の主権免除の原則」を主張。裁判そのものを認めず、訴訟関連書類の送達を拒絶した。日本政府が控訴することはなく、原告勝訴が韓国裁判所の最終判決になった。

話を戻すと、21年4月に却下となった第2次慰安婦訴訟は、李容洙《イヨンス》ら20人が16年末に提訴したものだ。もともと1月に判決が下される予定だったが、「国家免除に関する追加審理が必要」だとして延期され、その後、文大統領が新年の記者会見で、「15年の日韓慰安婦合意は政府間の公式な合意だった」と認める発言を行った。

文大統領は就任前から「(慰安婦合意は)手続き的にも内容的にも重大な欠陥があった」と主張し、合意に基づいて設立された「和解・癒やし財団」を解散させており、これまでの主張を180度転換する発言をしたことになる。この記者会見から2週間後、裁判所の定期人事で、第1次慰安婦訴訟において「原告勝訴」の判決を下したソウル中央地裁民事第34部の裁判官が全員交代した。

一方、第2次慰安婦訴訟の裁判長は留任し、第1次訴訟の判決を覆す判決を言い渡している。加えて、新たに着任した民事第34部の裁判長は、第1次訴訟の判決をめぐって、日本政府に訴訟費用を強制執行するべきではないという決定を下した。

また、21年の8月〜9月にかけて、徴用工の遺族が損害賠償を求めていた訴訟で、ソウル中央地裁は原告の訴えを棄却しており、日本側が事実上、勝訴する流れが定着しつつある。

韓国の裁判所は、表面上は独立性を謳うが、実際には政権や世論の動向に沿った判決を下してきた。第2次慰安婦訴訟と徴用工訴訟の却下は、文政権が末期に近づき、世論も反日に疲れてきていることを見て取った決定だと指摘する声は多かった。この流れは文政権の終わりまで既定路線として引き継がれることだろう。

21年の3月〜5月にかけて、旅行会社各社は、新型コロナウイルス感染症の収束後を見据えた旅行商品の開発に着手した。その中で、公式に海外旅行が可能になる時点から1年にわたって利用できる海外往復航空券を大手通販会社が販売したところ、グアム、ベトナムのリゾート地と並んで日本行き航空券を購入した人が多かった。また、中高年の雇用開発を行なっている企業が50歳以上の韓国人を対象に行ったアンケートで、コロナ禍収束後に行きたい海外旅行地は大阪が一番多く、東京や沖縄など日本の観光地を選択した人が最も多かった。

〝選択的不買運動〟が始まった翌年の20年6月の同様の調査では、コロナ禍収束後に行きたい旅行地は東南アジアが最も多く、その次に豪州などが続き、日本はランク外だった。21年に入って不買運動は事実上、収束し、日本に旅行に行きたいという人が増えたのだろう。

前述のように、韓国政府や一部の団体はこれまでどおり、事あるごとに日本に謝罪と賠償を求めるはずだ。しかし世論は反日に倦んでおり、裁判所もこれに沿う決定を下していることからも、この傾向は続くものと見られる。日本国内では保守派を中心に、言い方がコロコロ変わって常識が通じない韓国への失望が広がっている。一方、日本のリベラルは未来志向を口にすることが多いが、現実が見えていないか見ないフリをした理想主義だという指摘に対し、弁明できるだけの材料を持ち得ていないのが現状だろう。

そういった対立関係がすぐに修復することはなく、しばらくは蜜月になることはないものの、韓国内での不買運動が事実上終わったことを踏まえれば、日韓が「過度に反日もしない関係」が続くのではないか――。そう見ている識者は少なくない。

日韓関係が国交正常化以後、最悪となってから日本の首相は2人変わったが、対韓政策は変わっていない。対する韓国は、大統領は変わらないが大きく変化した。

２０２１年1月、文在寅大統領は新年の記者会見で自ら破棄した日韓慰安婦合意は有効だと発言。ソウル中央地裁は、元慰安婦が日本政府を相手取って起こした訴訟で却下を決定し、いわゆる徴用工裁判でも3回続けて却下や棄却の判断をした。却下や棄却は訴訟要件を満たしていないというもので、原告敗訴と同じ意味を持つ。

自治体も変化した。ノー・ジャパンが始まって以降、事実上、中断していた日本企業誘致が再開されたのだ。

最初は忠清南道だ。

21年1月、忠清南道と唐津市は、ダイキン工業が唐津市内の外国人投資地域に工場を新設する覚書を締結した。ダイキン工業は、半導体の製造で必要なエッチングガス（高純度フッ化水素）を日本や中国で生産し、サムスン電子やＳＫハイニックスなどに供給していた。韓国の半導体製造用ガス市場で約28％のシェアを持っていた同社が、韓国内に生産拠点を設ける覚書だ。

同年４月にも忠清南道と唐津市は、半導体装置メーカーの日産化学と韓国子会社ＮＣＫが市内に工場を新設する覚書を締結した。昭和電工マテリアルズ（旧・日立化成）は京畿道安山市に新工場を建設し、東京応化工業も仁川市の松島工場に追加投資を行っている。

韓国の自治体は、日本政府の対韓輸出管理強化に反発して「不買条例」を制定した。19年７月から９月の間に、ソウル市と釜山市、京畿道、江原道、忠清北道の５議会が「不買条例」を可決した上、全国市道議会議長協議会で条例制定を呼びかけた。

なかでも強硬な対日姿勢を見せたのが京畿道だ。

京畿道の李在明《イジェミョン》知事は、17年の大統領選に出馬する意向を示したものの、与党・共に民主党の党内予備選挙で文在寅に敗れた。22年に予定される大統領選ではその予備選を勝ち抜き、野党候補と激突する。李知事は日本を軍事面での敵性国家だと述べ、文大統領が日本に対話を求めた21年１月以後も「親日派をあぶり出して日帝残滓を清算する」と宣言するなど、強硬な対日姿勢で、反日派の支持を集めてきた。

その京畿道は19年7月、「脱日本技術独立」を宣言した。人口1300万人の京畿道は半導体を製造するサムスン電子の企業城下町と、SKハイニックスの半導体主力工場、また、LGディスプレイの企業団地を抱えている。日本政府の輸出管理強化の影響を受ける企業が多い地域でもある。

李知事は日本製品の寡占状態を調べるよう指示を出し、国産化を進める方針を掲げて、素材・部品・装備の研究開発を行う道内企業に5年間で2000億ウォン（約187億5400万円）以上を支援すると決め、20年7月までの1年間に300億ウォン（約28億1300万円）を支援したのだが、そう簡単な話ではない。日本企業には長い時間をかけて蓄積した技術があり、後発の韓国企業が1年や2年で開発できるものではない。また、韓国企業が開発に成功する頃には、日本はその先を進んでいるだろう。

この無謀ともいえる計画を前に、予想外の事態が起きた。

新型コロナウイルスのパンデミックで半導体需要が急増。サムスン電子が半導体新工場の建設費21兆ウォン（約2兆円）を含む240兆ウォン（約23兆円）相当の投資計画を発表し、SKハイニックスも1兆円規模の設備投資を行う方針を明らかにした。

20年の半導体の世界シェアは、米国のインテルが1位で、サムスン電子が2位、SKハイニックスが3位となっており、韓国企業が世界半導体市場の20%を占めた。とはいえ、台湾のTSMCがシェアを伸ばしていることもあり、開発に時間をかける余裕がなくなった。

サムスン電子とSKハイニックスはいずれも東芝から得た技術と日本企業から購入した素材や部品で半導体を製造しており、2社の増産は日本からの輸入増加と同じ意味と取って良いだろう。日本との対決姿勢を前面に出してきた京畿道が辿りついた解答は、日本企業誘致だったのだ。サムスンやSKハイニックスが日本から輸入する素材や部品は日本製だが、日本企業が韓国で製造する素材や部品は数字の上では韓国製にカウントされる。開発費を拠出することなく、データ上の国産品を増やすことができるのだ。

韓国は、日本政府がグループAから韓国を除外した措置を輸出規制と批判する。しかし、輸出が不許可となる例はほとんどない。

輸出管理を強化した品目の多くは、日本企業が合弁や単独で設立した韓国内の工場で日本などから輸入した原料をもとに生産され、韓国企業も日本から輸入した原料で〝国産化〟を進めている。また、韓国がグループAからグループBに変わったことで、輸出手続きが煩雑になった日本企業にとっても韓国工場での生産はその手続きを簡素化でき、韓国企業の要求に合わせて納入しやすいメリットがある。

京畿道をはじめとする自治体は、税制優遇や賃貸料の減免などの経済支援や、法務、会計、人事労務、金融等の相談など、さまざまなインセンティブを用意して、日本企業誘致を推進する。


本書で見てきたように、韓国経済は日本への依存で成り立っているのは間違いない。人口5000万人余の韓国は、内需で経済を維持できない。GDPの60％以上を貿易に依存し、さらにはサムスン、現代、SKの3つのグローバル企業グループがGDPの40％余りを稼ぎ出している。日本から購入した技術や素材、部品等で作った製品を、米国や中国、アジアなどに販売して経済を維持しているのだ。

第2次大戦後、日本円の為替相場は、連合国軍最高司令官総司令部（GHQ）が打ち出した財政政策「ドッジ・ライン」で、1ドル＝360円に固定されていた。海外製品を購入できる層は限られ、日本企業はさまざまな製品の開発に取り組んだ。また円安を利用して、輸出にも取り組んだが、70年代に入って為替変動相場制に移行すると円高が進行。国際競争力が落ち始めた日本企業は人件費が安かった韓国に生産を委託し、韓国企業は日本の下請けで技術を磨いた。

ソウル五輪と前後して韓国の経済力が高まると下請けは減少し、日本から技術を買って製造を開始する例が見られるようになった。サムスンは東芝をベンチマークして半導体を製造し、バブル経済の崩壊で日本企業のリストラにあった技術者を相次いで採用した。時間をかける開発を好まない韓国企業で1日も早い成果を要求された日本人技術者は、ゼロからよりも日本企業時代に利用して馴染みのある素材や部品を使う開発を選んだ。

日本製品は高機能・高品質で価格もそれなりに高い。韓国企業は安価な製品でシェアを拡大してきた。例えばデジタルテレビの映像規格は、ＳＤからＨＤ、フルＨＤ、４Ｋへと向上し、今はフルＨＤと４Ｋが主流だが、ＨＤや中にはＳＤで十分という国やマーケットもある。韓国企業は、日本の1～2世代前の技術を買い、製品を作って国外に販売する手法で成長してきたのだ。

筆者はよく、韓国が好きかという質問を受けるが、特に好きでも嫌いでもない。

また、日韓関係が良くなって欲しいかという質問もよく受ける。政府の関係は良くなろうが悪くなろうがどちらでも良いと思っている。ただ、日本人と韓国人、日本企業と韓国企業の関係が、良好になって欲しいという考えはある。

日本は好きではないが、あの日本人やあの日本企業・日本ブランドは気に入っている。韓国は好きではないが、あの韓国人やあの韓国製品は気に入っている――。それで良いのではないだろうか。

いつから韓国に興味を持つようになったのかは記憶にないが、きっかけは覚えている。広告会社の企画営業職だった筆者は、企画書を作成する傍らラジオ広告や新聞広告のコピーを書いていた。テレビCMは専業のコピーライターに依頼するが、ラジオや新聞は担当営業が書くことが多かった。そのコピーライター初心者だった筆者の琴線に触れた文があった。

当時、産経新聞を購読しており、産経新聞ソウル支局長だった黒田勝弘氏の連載「ソウルからヨボセヨ」を好んで読んでいた。「ソウルからヨボセヨ」は表面的には韓国を辛辣に批評するが、こうすれば韓国が世界から信頼される国になるだろうという示唆があり、いたずらっ子を見守る親のような温かさがあった。辛辣な中に温かさが感じられる文に魅せられた。

忙しい朝は「ソウルからヨボセヨ」だけを読んで出勤し、帰宅後に他のニュースに目を通した。「ソウルからヨボセヨ」や産経新聞に掲載されていた黒田氏の記事を探して読んでいるうちに韓国に対する興味が湧き、韓国を訪問するようになり、知人もできた。09年、韓国に進出する会社の駐在員として赴任した。半年から1年経った頃が一番辛かったと思う。渡韓したことを後悔した時期もある。当初は5年くらいで日本に帰りたいと思っていた。が、気がつくと韓国生活は10年を超えた。

一番の支えはソウルで共に戦っている日本人である。韓国人の中には、日本は徴兵がないから日本男子は弱いという人がいるが、韓国で働いている日本人は同胞というより、戦友と呼ぶ方がしっくりする。

戦友同士が支えながら戦う中で、目にしたことや感じたことを書いたのが本書である。

韓国生活を始めた頃にアドバイスをいただいた小林直人氏や韓国ビジネスを支えてくださった新井健氏、戦友の大久保茂氏、ホームシックになりそうな時、日本食を提供してくれた松本ひとみ社長や星野太氏。仕事のみならず生活面でも助力してくれている李始泳代表。まだまだ書きたりないが、本当に多くの方に助けていただいた。

最後に、本書を上梓する機会をいただいた余野成旺氏と叱咤激励をしてくださった金光英実氏、新潮社の皆様と編集、校正、印刷、製本に携わっていただいた全ての方々、拙文を世に出していただいているニューズウィーク日本版編集部やデイリー新潮編集部、本書を手に取ってくださった読者の皆様方に感謝申し上げます。

本書が韓国を理解する一助になれば幸いです。

2021年10月

佐々木和義

主要参考文献

『秋山英一聞書　韓国流通を変えた男――ロッテ百貨店創成記』（秋山英一述、藤井通彦著、西日本新聞社）
日韓両国の政府統計関連データ
聯合ニュース、朝鮮日報、中央日報、東亜日報、ハンギョレ、ソウル新聞、韓国経済新聞、毎日経済新聞、ソウル経済新聞、朝鮮ＢＩＺ、韓国農政新聞、ヘッドライン済州、農業人新聞、ロイター、日本農業新聞、ＡＦＰなど各種メディア。

初出：デイリー新潮２０２０年７月５日、同20年７月17日、同20年７月23日、同20年８月６日、同20年８月８日、同20年８月19日、同20年８月23日、同20年９月13日、同20年９月27日、同20年10月21日、同20年12月11日、同21年４月23日掲載、ニューズウィーク日本版２０１９年７月２日、同19年７月23日、同19年９月12日、同19年９月17日、同19年11月11日、同21年３月26日、同21年３月29日、同21年５月14日掲載。その他は書き下ろし。

佐々木和義　岩手県出身。商業写真・映像制作会社から書籍印刷会社を経て広告会社に転職し、広告プランナー兼コピーライターとなる。韓国に進出する食品会社のマーケティングを担って2009年に渡韓し、12年、広告制作会社を創業。

Ⓢ新潮新書

938

日本依存《にほんいぞん》から脱却《だっきゃく》できない韓国《かんこく》

著者　佐々木和義《ささきかずよし》

2022年1月20日　発行

発行者　佐藤隆信

発行所　株式会社 新潮社
〒162-8711　東京都新宿区矢来町71番地
編集部(03)3266-5430　読者係(03)3266-5111
https://www.shinchosha.co.jp
装幀　新潮社装幀室

印刷所　錦明印刷株式会社
製本所　錦明印刷株式会社

ISBN978-4-10-610938-6　C0236

価格はカバーに表示してあります。